生活の場のターミナルケア

Bricolage

○はじめに

歴史を変える実践

三好 春樹

私が監修した『実用介護事典』（講談社）の刊行が近くなった頃、ふと思いついて「し」の頁を開いてみた。心配したとおり、「死」という項目はなく、代わりに「し」の最初に出てくるのは「痔」だった。深刻な思いで「死とは何か」と事典を引いてみたら「痔」が出てきたのは笑い話だ。もちろん「痔」も深刻な病気ではあるけれど。愛用している「医学大辞典」も引いてみた。こちらの「し」の頁の最初は、「屎（し）」が出てきて、「大便を見よ」とある。

死は敗北であり、あってはならないものとしてきた医療の側が「死」と向き合うようになったのは最近のことだ。だから医学の事典に「死」の項目がないのはしかたがない。

しかし介護はそうはいかない。医療が救えるようになった命で、どう生活していくのかが介護だから。介護は人生の最後の死までつながっているのだから。もちろん「事典」に「死」の項を付け加えたのは言うまでもまい。

医療の側も変わり始めた。それでも「ターミナルケア」といえば、がんや難病で死を宣告された人に対するアプローチであった。精神的不安に対するカウンセリング、特に末期の痛みに対するコントロールなど、いずれも高度な専門性や人間性が必要とされるものである。

もちろん、そうした「ターミナル」は今でも存在し、医師やソーシャルワーカーを中心にして、その考え方や方法論は深められつつある。一方、がんでも難病でもなく、いやそうした病名はあったとしても、高齢者の「ターミナルケア」もちゃんと実践されてきた。ありがたいことに、やり残すことがないくらい人生を長生きした人の精神は強く、高齢になると痛みもあまり感じることがない。がんがあったとしても高齢者の場合、進行も遅くがんで亡くなるというより、高齢によって亡くなるという感じである。病死より自然死に近いのだ。

こうした「ターミナル」の中心になるのは、医療や看護のサポートを受けた介護職でなくてはならないだろう。実際に、多くの、特に地方の特養ホームでは、当然のように「ターミナル」を実践してきた。そこにあるのは、高い専門性の代わりに、親身になって関わってくれ、亡くなると泣いてくれる人たちに囲まれての関係性だ。さらに、デイサービスに通いつつ、訪問介護で地域での「ターミナル」の主役になるのは、介護職のサポートを受けた家族である。

高齢者の「生活の場のターミナルケア」とは〝死〟を医療職から介護職へ、介護職から家族へととり戻すものなのだ。それは、老いや死をあってはならないものであるかのように扱ってきた近代社会が、老いや死を内包した社会へと変化していくことにほかならない。

少し大げさだが、そうした歴史を変える実践を紹介するのがこの本の役割である。

目次

7

施設と家族で看取る　25

新潟県　特別養護老人ホームいっぷく　大瀧厚子

看取りは死にゆく人が残してくれた最後のプレゼント 137

千葉県　シルバー・プラン・21　朝倉義子

ぼけと長寿のごほうびは、苦しまないターミナル

東京都・特別養護老人ホーム「清水坂あじさい荘」
総合ケアアドバイザー　鳥海房枝

老いもぼけもいいもんだ

「あじさい荘」は開所して9年、定員は120人です。ぼけのある人が9割です。平均年齢は86・5歳、要介護度の平均が4.2です。全国平均が3.8ぐらいですから重度の方が多い施設ということになると思います。

「あじさい荘」には一切の管理がありません。起きる時間も寝る時間も自由です。食事は1日のリズムを決める大切な要素ですが、それだけでなく生活の楽しみでもあります。食べたい時に食べていただいています。というと、1日中食事時間のようで大変でしょうと言われるのですが、80、90歳まで生きた人は朝昼晩のリズムが身体にしみこんでいるんですね。3回の食事時間を2時間ずつとっておくと、大体そのなかにおさまります。全介助の人が現在25、6人いますが、ベッドで食事することはありません。経管栄養の人も食堂か談話コーナーで流します。

今、老いることや、身体が不自由になることや、ぼけることをとても不安に思う時代になっています。それは、人はどんなふうに生きて死んでいくのかを具体的に見たり、経験しないまま、病院で管をつながれて、少し苦しんで死んでいく様を見慣れてしまったからではないでしょうか。介護予防が声高に叫ばれていますが、本当に身体が不自由にならないでいることができるのか、より元気で長生きしろというけれど、がんばれば死なないのか。生老病死はふつうのことなのに、それをマイナスとして語りすぎていると私は思います。

ぼけは亡くなっていく時の贈り物のような気がします。たとえば、大腿骨頸部骨折を起こしたら、ふつうは痛みで脂汗を流しますよ。だけどぼけがある人は平気で歩いていますからね。老いていくことは終わっていくことの準備ではないかと、私は思っています。目が見えにくくなる、耳が聞こえにくくなる、身体の動きも鈍くなる……、そんな経験を通して、人は終わっていく準備をするのではないでしょうか。

目が見えにくくなるのは悪いこと、ぼけは予防すべきことなんてやっても、いずれ人は死ぬのです。ぼけたり、身体が不自由になることは悪いことだと言い過ぎるあまり、老いが恐くなっているのではないでしょうか。特養ホーム

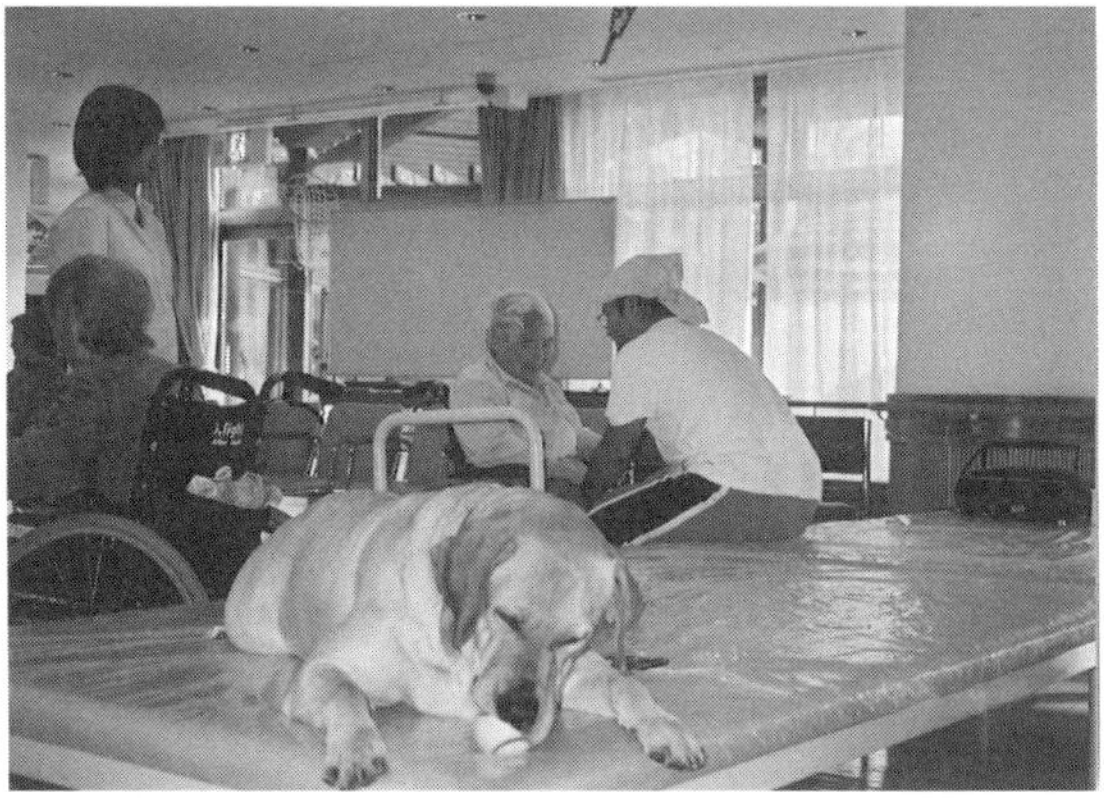

[あじさい荘の風景] あじさい荘のアイドル“まる”。おだやかな日常を支える協力な助っ人（犬？）だ

にいると、老いもなかなかいいなあと思います。老人のしたたかさが私は好きですね。

医療モデルと生活モデル

医療とは今日をがまんして、もっとよくなる可能性にかけるものです。だけど、今日できることが明日できなくなるのが老いなのです。たとえば、80歳すぎて入れ歯をつくりますか？　入れ歯に馴れるまで半年はかかると言いますよ。ご飯を食べる時には入れ歯は外しますなんて人、たくさんいるでしょう。馴れる前に死んでしまうかもしれない。今、食べることに不都合さがなければ、あえて入れ歯をつくる必要があるでしょうか。「今日が一番いい日だよ」という日を重ねていくことが生活モデルです。

生活モデルだから治療をしなくてもいいよという意味ではありません。助かるかもしれない時には即医療を入れます。先日、脳卒中の後遺症のけいれん発作を起こした人がいました。座薬を入れて45分たっても止まりません。すぐ救急車を呼びました。

つまり、今やるべき治療なのかということです。老衰で医療処置を行っても改善しないというのなら医療が関わることはかえってお年寄りを苦しませるだけでしょう。病気によるもので治療をすれば何とかなるという見込みがあるのならきちんと治療をすべきです。じつは、ここの判断は医師が勝手にできるものではないんですね。医師だけが判断すると、徹底的に医療を施すことになるでしょう。介護職もこのことを自分のこととして考えてくれないと生活モデルのターミナルケアは実現しません。

２００６年の４月から11月までの７か月で「あじさい荘」を退所されたのは６人です。１人は肺炎で４か月入院しているおじいちゃんです。特養ホームというところは、入居者が入院してしまうと１銭も入ってこないのです。４か月入院して退院の見込みが立たなかったため、仕方なく入院退所というかたちになりました。他の５人はすべて施設で看取りましたが、その経験を通して思ったのは、施設で長寿で亡くなる人の死がいかに安らかかということでした。

身体を全部使いきって死んだヨージローさん

ヨージローさんは97歳で亡くなりました。94歳の時に吐血して某大学病院に運ばれたのですが、病

[あじさい荘の風景] 得意な分野を生かして、みんなで昼食づくり

院に移ったことがわからなくて、たいそう暴れたようです。それで縛られてしまったのですが、羽根枕を口でひきちぎって、中の羽根を部屋中にまきちらしてしまいました。娘さんがその様子を見て「もういい。連れて帰ろう」と言って、「あじさい荘」に帰ってきました。吐血の原因はよくわからないままでしたが、家族がもう病院はいいですという判断をされました。

それから3年、特に大きな変化もなく過ごされていましたが、97歳の誕生日を迎える頃から、徐々にご飯が食べられなくなり、ターミナルに入りました。ヨージローさんの部屋に行くと、子どもや子どもの配偶者たちが集まって、酒を飲みながら、ヨージローさんの口を酒で浸してあげていました。下顎呼吸が始まっていました。長男さんが「オヤジは次にどんなふうに苦しむのかな?」と聞かれましたので、私は「死ぬ苦しみはないのよ」と言いました。呼吸の間隔がだんだんあいて、大きな息をして、それで終わりです。

こういうふうに人の命が終わっていくのを、昔はみんなでそばで見てたんですよ。今、まったくそれがなくなって、死んでいくことがすごく恐いことになってしまった。身体全部を使いきって死ぬととても安らかです。長寿のごほうびは安らかな死です。

皆で雑魚寝して見送ったウメさん

86歳のウメさんは自宅のお風呂で溺れて、大学病院の救命救急センターに搬送されました。溺れただけなのですが、検査をしてみると動脈血の酸素飽和度が少し低かった。普通は動脈血の酸素飽和度は100％です。臨床の医師はこれが90％ぐらいになるとあわてるのですが、このウメさんは、80何％でした。80〜90％で普通に生きている80歳以上の人は多いのですが、運悪く病院で発見されてしまった。これから一生涯24時間酸素をしなきゃいけないと言われてしまいました。

相談を受けて、「あじさい荘」のショートステイを利用してもらいました。ご飯をよく食べるし、夜中も酸素チューブが外れたままで熟睡してる（笑）。ご飯の時、お風呂の時、邪魔になるからとチューブは外している。酸素をしている時と外している時の酸素飽和度を比べたら変わらない。じゃあ、外しましょうということで、酸素チューブを外しました。

2週間後、病院で検査したら「奇跡的に回復している!」(笑)。高齢者の身体というものがまだまだ理解されてないですね。若い人と同じ数値で考えるから、みんな治療の対象になってしまうんです。

その後、ウメさんはご自宅に帰られましたが、しだいにぼけが出てきて、「あじさい荘」に入居され、看取りまで関わりました。仮通夜と通夜は家でされました。居間に安置されたのですが、普通はお顔にかける白い布をかけなかったのです。お悔やみに来るみなさんにお顔を見ていただいてお別れをしてもらったのです。「あんまりきれいなので、隠すのはもったない」と息子さんが言われました。通夜では、そのウメさんの布団の周りで子どもたちが雑魚寝をしました。長生きすると、そんな終わり方ができるのです。

ターミナルはいつから?

「あじさい荘」におけるターミナルの判断は、まず食べる量が減ってきたなあという段階です。好きなものを食べていただくなどの工夫をしながら、この段階でまず点滴をします。脱水が原因の食欲不振であれば、５００mlの点滴を２日すれば、食欲は出てきます。

　しかし、身体を使いきって終わっていく前兆としての食欲不振だと、この点滴を吸収しないで、むしろむくんでくるようになります。血管から栄養を入れても上手に全身に回すことができなくなるんですね。こんな時、病院では「人間は１日１５００ccの水分が必要です」と言って、何が何でも入れてしまいます。そしてむくんだらどうするか？　今度は利尿剤を入れるのです。

　施設ではそんなに水分をとることはできません。しかし、人間の身体は不思議ですよ。１日茶碗１〜２杯のポカリゼリー（ポカリスエットでつくったゼリー）で３か月生きた人もいます。身体が超効率的になっているのだと思いますね。もちろん痩せていきます。あばら骨が浮き出るまでに痩せることがありますが、人間の生き死にの摂理に則っているせいかお顔はきれいなままなんですね。

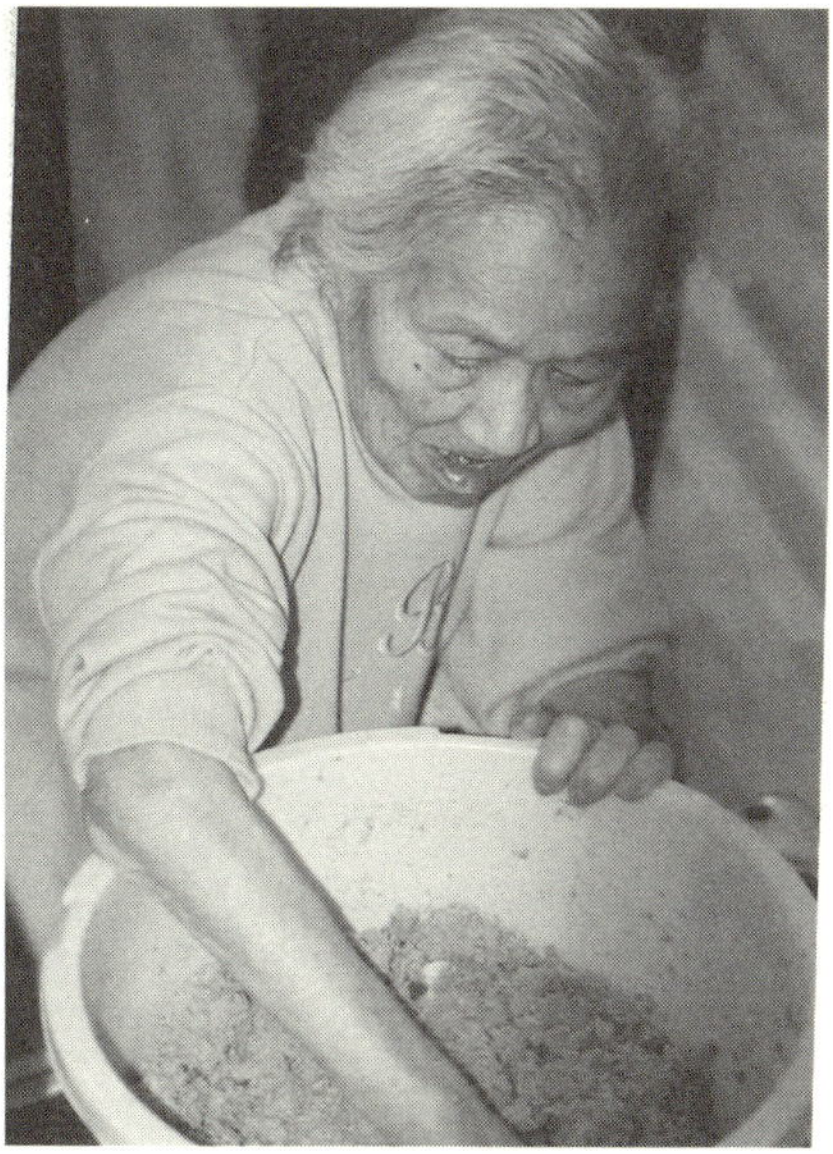

［あじさい荘の風景］ぬか漬けならまかせて！

「あじさい荘」では、点滴をしてむくんでしまうようだったら、近いうちに仏になる可能性があるかもしれないということをご家族に話します。国は特養ホームのターミナル加算はさかのぼって30日と言うけれど、生活の場のターミナルはいつからかという判断は大変難しいです。食べなくなったぞ、点滴してもむくんでしまうぞという黄信号はわかるのです。しかし、この黄信号から赤信号になるのがわからない。赤信号になってもその先がまたわからない。ポカリゼリーだけで3か月、このまま逝くかなと思ったら、安定しちゃうんですねえ。ふと気がつくとお粥を食べてる！　ということもありますから（笑）。

これが病院だったら、もっと規則正しく死んでいけてますよ。だけど、その人のもっている力にまかせるというやり方をしていくと、そんなふうにはいきません。低いながらに安定して4年目とかいう人もいるわけです。はっきり言って、いつからがターミナルなのかはわからないです。

生活の場だからこそできた看取り

100歳過ぎていると3日間尿が出なくても死なないですよ。80代では3日尿が出ないとそろそろかなあと思いますが、こんなに自然に終わっていくターミナルは病院では考えられないですね。なぜならそんなにつきあっていたら病院はつぶれます。ポカリゼリーでは1銭にもなりませんからね。特養ホーム、在宅だからこそこんな看取りが可能なのです。99歳で亡くなったYさんは、食べなくなって、暮れには亡くなるだろうという見たてでした。それで70歳の娘さんが施設に泊まり込んだのですが、インフルエンザに罹ったので家に帰っていただきました（笑）。次に来られた婿さんはぎっくり腰になってしまいました（笑）。

そして、翌年の5月までYさんは生きました。そこには、生きてほしいという職員の熱意がたしかにありました。ぼけが進行するとやがて食べられなくなる日がきます。まず食べものを口に運ぶことができなくなります。全介助で「モグモグ、ゴックン」で食べてもらったり、頬のマッサージや口の中を冷やしたスポンジで刺激して口が開いたところに食べものを入れるという根気のいる介助を介護職はやり続けました。だけど、娘さんが「お願いお母さん　そろそろ逝ってちょうだいよ」と言った時、職員はもういいかなと思ったといいます。2週間後に眠るように逝きました。

生活施設で可能なターミナルというと、老衰と痛みの伴わないがんということになると思います。脳卒中、心臓発作、肺炎の悪化などの場合は入院させます。医療が関わることで助かる命かもしれないからです。しかし、点滴でむくんだり、医療を施すことでかえって苦しませることになるかもしれないと思った時にはご家族に説明します。最終的にはご家族・ご本人が決断されます。

遺体は介護の通信簿

どんなによいケアプランがたてられていても、死後の処理（エンゼルケア）時に、オムツかぶれがあったり褥瘡があったりしたら、どんなケアを受けていたか一目瞭然です。遺体がケアの質を語るのです。家族の前で胸をはってエンゼルケアができますかというのは、ターミナルケアを行う事業所に問われていることです。

棺の深さは40 cmです。手足の関節がひどく拘縮していると、棺の中にご遺体がおさまりきらないので、骨折させたり関節を外したりしなければならなくなるのです。尊厳とか主体性とか、お年寄りを大事にしましょうなどと言いながら、最後に棺に入った時にふたが閉まらないようなことをやっちゃいけないんですよ。

23

揺れる家族――もうひとつのターミナルケア

家族は揺れます。「ターミナルですよ」と言われて、短期間に亡くなられるのならいいのですが、よくなったり悪くなったりを繰り返すと、家族としては病院ならもう少しよくなるんじゃないか…と思ってしまうのです。それは当然です。施設でターミナルという場合には、家族は揺れるものなんだということを前提にして、「そうだよねえ、迷うよね」と家族の気持ちに寄り添ってあげてください。

亡くなる本人へのケアと同時に家族へのケアも視野に入れること、もうひとつのターミナルケアがここにあります。そして、亡くなられたら、「あじさい荘」には24時間看護師がいますので、看護師・介護職といっしょに家族にもエンゼルケアに参加してもらうようにしています。「あじさい荘」では亡くなる前、大体2日くらい前でしょうか、お風呂に入れてさしあげています。機械浴でぬるめのお湯にさっと入っていただくだけですが、そうするとご遺体がきれいなんですよ。家族といっしょにエンゼルケアをしながら、亡くなった人を主語にして、すてきなエピソードを3つ以上語れるかどうかということも大事な点です。「こんなにしっかりみてくれていたのか…」と家族に思っていただく最後のチャンスです。ここで仏になってよかったとご家族が思うこの時が、家族が死を受け入れる時でもあるのですから。

看護にしろ、介護にしろ、問題点を見つけてそれに対処することばかりにウエイトがおかれているような気がします。生活施設は最後に終わっていく場なのです。だからこそ、その人のすてきなエピソードやクスッと笑ってしまうエピソードこそ記録に残しておこうという姿勢でいたいのです。そんなエピソードを話してあげたら家族は泣きますよ。

亡くなった人は「この看取りでよかったよ」なんて言ってはくれません。ここでよかったという判断をしてくれるのは一番身近な身内です。その身内の言葉を通して、「これでよかったのだ」と私たちも思えるし、いい意味での元気をまたもらうことができるのです。

施設と家族で看取る

新潟県・特別養護老人ホーム「いっぷく」
元施設長　大瀧厚子

「病院の治療」と「施設の暮らし」の違い

今日は、最初に「病院の治療」と「施設の暮らし」の違い、「寄り添い」ということばでよくあらわされる生きること、暮らすことを支える「関わり」についてお話ししたいと思います。

病院は、とにかく生きるために病気を治療をするところです。ですから、何よりも治療が優先し、生活は二の次になります。パジャマや前あきの下着を着ていただき、どんなにおしゃれな女性にも「マニキュアや口紅はつけないでください」と言います。手術の時には必ず入れ歯を外さなければいけません。以前、歯を外したショボショボの口元を先生に見られたくないと言って、接着剤で入れ歯をくっつけて外せなくした患者さんがいましたが……。病院は治療内容によっては行動の制限があります。どんなにお風呂が好きな人でも、入浴禁止と医師に言われれば、守らざるを得ません。ベッド上安静と言われれば、歩けても布団から出ることすらできません。このように、医師や看護師が生活を指導していくのです。

一方、施設は介護を受けながら「暮らす」場です。職員は意識するしないにかかわらず、職員側の都合や効率性を考えて介護を優先しがちですが、本来、施設は一人ひとりの暮らし方や生活のリズムに合わせた介護の提供がなされるべきなのです。人は介護を受けるために生きているのではなく、よりよく生き、生を全うするために必要な介助や援助を受けているのですから。生活の場である施設ではご本人やご家族の希望、意向を尊重し、何よりもご本人の主体性を引き出して、行動範囲を広げて新しい可能性を探っていきます。その人の生活は介護職員や相談員、看護職員が決めることではありません。

「風呂入りて〜」と言ったおばぁ

「いっぷく」で看取ったお年寄りで、〝おばぁ〟と呼んでいた方がいました。おばぁは目がほとんど見えなくて、耳もかなり聞こえなくて、認知症も進んでいました。肺炎を起こして入院してから、経管栄養となり、ほとんど寝たきり状態でした。おばぁは、お風呂が本当に好きでした。ご家族からも、お風呂だけは何とか最期まで入れてやってほしいと言われていました。おばぁは老衰が進み、経管栄養のミルクも水分も身体が受けつけなくなって、おしっこもほとんど出なくなり、おそらく今日、明日亡くなると思われました。

そんな時期に私と職員が部屋に入った時、おばぁはモソモソと動いて、寝返りをうちながらはっきりした声で「風呂入りて～」と言ったのです。

「今、確かに『風呂入りて～』って言ったよね？　空耳じゃないよね？」

「確かに聞きました！！」

「お風呂、好きだったしねぇ。入ってもらおうか？」

「でも、こんな状態で入ったら、ちょっと、まずいですよ」

「もう最期だから、家族さんと一緒ならいいんじゃない」

と、私たちはこんな会話を交わしました。

ご家族に電話しました。「お風呂に入りたいと言われていますが、どうしましょう。たぶん最後になると思うので、ご家族もご一緒に入れませんか？」

ご家族は、「自分たちは家でさんざん風呂に入れたから、あんたたちで入れてくれてかまわんよ」と言われました。さっそく職員が介助してお風呂に入りました。

この3～4日、おばぁは食事も水分もほとんどとっていない状態でしたが、湯船に浸かると、自分で顔をなでてプルンと洗い、手ですくったお湯をぐ～っと飲んで、「気ン持ちいいなぁ～」と言いました。それが最後のことばでした。その翌日、おばぁは亡くなりました。

「生活」を実現できているか

介護保険制度の目的は、第1条に「本人の有する能力に応じた自立した生活の支援」とあります。この「自立した生活の支援」がみなさんの引っかかるところです。ケアプランの講義をすると「寝たきりの人、ターミナル期の人、認知症が深い人に自立した生活はあるのですか?」とよく質問されます。自立を「ひとりでできること」ととらえているわけです。ひとりでできることが広がっていくことは、大切ですが、それよりもより豊かに、充実して生きることが大切だと思います。ADLが自立しているに越したことはありません。ADLが自立することが、充実して生きることに結びついているのであれば、それはケアプランの重要な要素です。しかし、私はひとりでできることだけを目指すのではなくて、介助を受けながらより豊かに充実して生きることにも、もっと注目すべきだと思っています。

それでは、看取りの時期に充実した時間をもつためにはどうしたらいいのでしょうか。生活の支援に注目して「生活」を重視して関わっていくことと、やり残したことや伝え残していることをご本人やご家族が実現するための支援が、看取りの時期には大きなポイントになると思います。施設の暮らしを思い返してみてください。自分が働いている施設に「暮らし」がありますか。職員の日課があるにしても、お年寄り一人ひとりの生活があるでしょうか。施設入所でご本人の介護を職員が引き受けるがゆえに、ご家族との関係をないがしろにしてはいないでしょうか。

食事介助、トイレ介助、入浴介助、移乗に移動、口腔ケア、体位変換、水分補給など、私たちがお年寄りと関わる場面は多く、声かけもそれぞれやっています。でも、お年寄りから見て、それらが生活を支える関わりになっているのでしょうか。状態報告などでご家族とも連絡を取り合いますが、これで家族関係の再構築に役立つ支援になるでしょうか。「ご飯の時間ですよ」「トイレ、大丈夫ですか」「お風呂に入りましょう」「そろそろ食堂に行きましょう」「歯を磨きましょう」「受診に付き添ってください」……、これはふつうの日常生活の中で交わされる会話ではありません。

話を聞いてくれない看護師─父の入院で感じたこと

私は今、要介護5の寝たきりで認知症の父を抱えている家族です。父は寝たきりになって、じっとしているようになりましたが、そうなるまでは本当に大変でした。徘徊はするし、言うことは聞かない、夜眠らない、それだけでなく怒鳴ったり手を上げたりすることもありました。

父は何回か入院を繰り返しましたが、こんな状態なので入院すると看護師さんに「付き添ってください」と言われます。昼も夜もそばにいる必要があり、家族で交代して付き添いました。

その時に感じたのは、看護師さんは話を聞いてくれない、病院には日常会話がないということです。私は長い間看護師をしていました。東京の大学病院に勤めて、それから地元の病院で働きました。毎日毎日、たくさんのご家族や患者さんと話をしてきました。しかし、自分が家族の立場になって初めて看護師さんと会話をしていないことに気がつきました。

看護師さんは自分が聞きたいことはいろいろ聞くのです。でも、こっちの話はなかなか聞いてくれません。同じことを何回も言おうとすると、嫌な顔をされます。「大瀧さんも、看護師なんだからわかるでしょう」という顔つきをするのです。

看護師は、「検温しますね」「ご飯ですよ」「どのくらい食べました?」「お風呂です」「オムツ替えます」といったことはしゃべりますが、「会話」はないのです。話が一方通行で、双方向になっていないのです。これでは家族も本人も不満がつのり、ストレスがたまるのではないでしょうか。

「生きること」を支える「関わり」のために

生きることを支える関わりを考えていくために、何から考えたらいいのでしょうか。まず自分の生活を思い浮かべてみてください。そのなかで、「生きることとは、どういうことか」「暮らすこととは、どういうことか」が見えてくるでしょう。

死ぬことを考えるということは、つまりは生きることを考えることにつながります。お年寄りに死の直前になって「何がしたい？」と聞いても、返事が返ってくることは少ないでしょう。元気な時ですら、自分の願いがかなわないのに、身体が動かなくなって、体力・気力が落ち、死を目前とした時に、願いがかなうとは思えないからです。

「医療モデル」や「問題点指向型」ではなく、「社会モデル」や「目的指向型」に注目すると、ターミナル期のケアプランやアセスメントは考えやすくなります。

ＩＣＦからケアプランを考えるのは大変だと思う人も多いでしょう。でもＩＣＦは、一人ひとりの心身の機能、構造である「生命のレベル」と、その人の活動、どんな暮らしをしているかという「生活のレベル」と、社会に対する参加の「人生のレベル」、そこにからんでくる環境因子と個人因子によって、この人の健康状態が大きく変わってくるという「生きる」ことを考える概念モデルだと理解すれ

＊医療モデル

生活上の課題が、個人の疾病や身体機能障害により発生していると考え、疾病の治療や機能障害の回復に焦点を当てていこうとする考え方。

＊問題点指向型

その人のマイナス面に焦点を当て、そのマイナス面の解消や軽減を図ることを目標とする支援方法。

＊社会モデル

生活上の課題が、個人だけでなく社会全体や環境からの影響を受けて人間と環境との相互作用によって発生していると考え、生活改善のアプローチを個人、環境、社会などさまざまな分野に広げていこうとする考え方。

＊目的指向型

その人のマイナス面だけでなくプラス面に着目して、できることの拡大ややりたいことの実現を目標とする支援方法。

＊ＩＣＦ（国際生活機能分類）

2001 年にＷＨＯが提唱した生活機能と障害の国際分類で、健康状態に関係したさまざまな状態が体系的に分類されている。

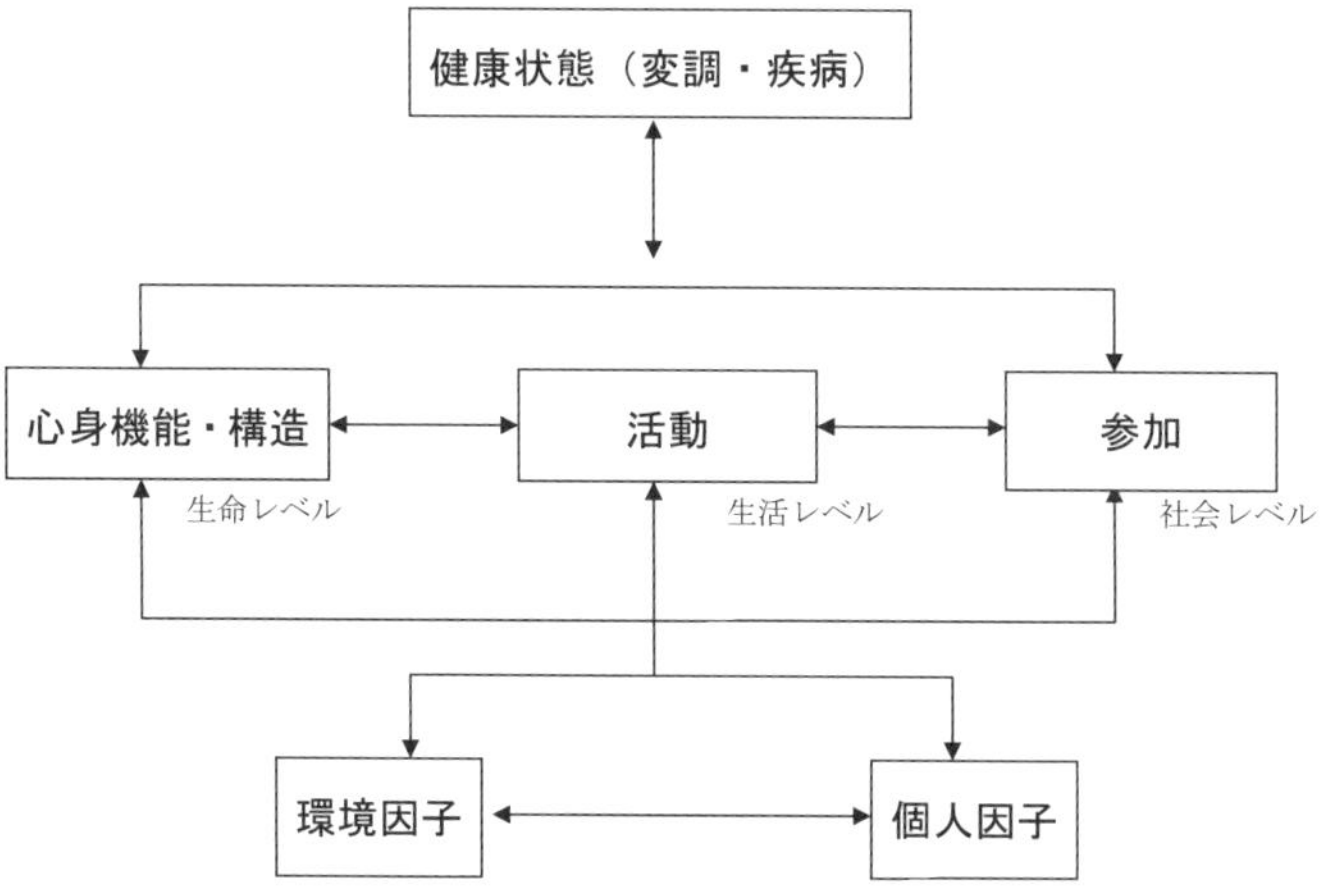

ばよいのです。

東京都内の救急車は以前は、呼び出してから5分以内に到着していたけれど、今は7分以上かかるようになって問題になっているそうですね。以前、私たちの施設で救急車を呼ぶことがありました。心臓発作だと思われたので、施設の車に乗せて病院に行くのは危ないので救急車を呼びました。119番に電話すると、「今、救急隊が市外に出払っていてすぐには行けません。戻ってきたらすぐに行きますが、1時間ぐらいみてください」と言われました。高速を使っても病院まで1時間ちょっとかかるので、病院まで2時間以上かかるということです。「じゃもう救急車はいいです、無理はしなくて…」となってしまいます。都会で到着に7分かかって問題になるというのとは環境が全然違います。

このように、環境因子はふだんの生活そのものや地域の慣習、考え方などの地域性にも大きく左右されていると理解していくとわかりやすいでしょう。

施設での看取りのプロセス

それでは、施設での看取りについてみていきましょう。看取り加算のガイドラインの中では、看取りの時期とは「医師が、医学的に回復の見込みがないと判断した時」となっています。ところが、病院から特養ホームに移る時点ですでに、「病院ではもう何もすることはありません。これ以上はよくなりません」などと言い渡されます。それならば、特養は入所の時から「看取り」なのでしょうか？そうでないことは、介護職ならわかりますね。

お年寄りは入所時は、生活する環境や介護環境の変化に伴い、身体的にも精神的にも状態が不安定になります。この後、施設に少しずつ慣れてきて、安定した時期に入ります。この安定がどのくらい続くか、もしくはどのくらい続けられるかは、私たちのサポートによって変わってくると思うのですが、最後に必ずやってくるのは、死です。急に悪くなることもありますが、年を重ねて弱っていく人たちは、本当に穏やかに衰弱していきます。この衰弱が目に見えるような状態にまでなってくると、もう明らかに終末期です。この死を目前にした時期からが「看取り期」です。

「いっぷく」では、まず入所時に、ここで死にたいと思っているのか、いずれは家へ帰りたいと思っているのか、何かあったら病院に行きたいかなどをご本人、ご家族に聞いておきます。

病院受診をさせたがらないご家族でも、こちらが車を出すなど受診のお手伝いをすれば、本当は病院にかかりたいと思っているとわかるご家族もいます。世間体だけで病院に行きたいと言っているご家族もいます。今後の起こりうる変化を細かく伝えるなかで、ご本人やご家族の希望や意向をその都度確認します。そして、衰弱期には、「そろそろお迎えが近くなっています」というメッセージを何度かご家族に伝えていくことが必要です。「今はまだ大丈夫ですが、そろそろ近づいています。もし何かしたいことがあれば、今がチャンスです」というメッセージを伝えていきます。

これをしておかないと、終末期や急変期はご本人やご家族の希望や意向の変化に対応しながら、悔いの残らない対処を行うという基本があっても、ご家族に覚悟ができていないので、動揺が強くていざという時に決断ができないのです。いくらか弱ってきてはいるけれども、まだ願いをかなえられる時に、希望を実現させてあげることが大切だと思います。この時期にはお年寄りの意識もはっきりしていることが多いので、会いたい人に会い、話したい人に話をしてもらうようにしましょう。そうすれば、後で悔いが残りにくいと思います。

衰弱期になってできた家族の再構築

私の父は、現在ではかなり認知症が進み、ときどき私が娘であることがわかりません。父の頭の中では、自分の娘はもっと若くて、かわいらしいのだと思います。

私たち姉弟は父とあまりいい関係ではなかったので、親には内緒にしていましたが、親が寝たきりになったり、介護が必要になった時には、金銭的な援助だけはしよう、でも口と手は出さないでおこう、と固く誓い合っていました。ところがいざ介護が必要になると、弟のお嫁さんが「そうはいっても、私たちのお父さんじゃないですか」と言ってくれて、それから家族関係が変わってきました。

先日私は父に「お父さんはこういう状態になったことをつらい、悔しいと思っているかもしれない。だけど、介護をすることで私はお父さんと話をすることもできるようになったし、お父さんをわかることができてありがたかった。仕事で関わる人の気持ちや、ご家族の気持ちも実感できるようになった。だから、本当にありがとう」と言いました。父は、そっぽを向きながらも涙をためていました。言葉としては理解できなかったかもしれないけども、私は口に出して自分の思いを伝えることができてよかったと思ったし、父は非常に口が悪い人で、父から優しい言葉をかけてもらったことなどなかったのですが、涙をにじませてくれたことが本当にうれしかったのです。父が衰弱期になってうちは初めて家族の再構築ができたと思います。

情緒的な関わりを大切にする

それでは、看取りとケアプランについてお話しましょう。ご本人とご家族の思いは常に変化していきます。絶対のものではありません。今日は病院に行きたいと思っても、明日は施設にいたほうがいいかもしれないと思ったり、大勢に囲まれて逝きたいと思ったり、誰にも見送られずにひとりそっと自分だけでこの世を去りたいと思ったり、心が揺れるのは当たり前であると理解してください。

死を身近なものとして、ふだんから親戚を含めたご家族と、死についての考え方や意向についてコミュニケーションをはかってください。人間関係が複雑な人には、親戚だけでなく地縁・血縁関係、支援関係者などいろいろな関係者と、死をどうとらえているのか話し合ってもらいたいと思います。

そして、関わる時には、単なる身体的なケアの提供だけではなくて、情緒的な関わりに重点をおいていくことをケアプランの中で大切にしてください。

ある職員は、「その人が使う道具や介助の仕方はわかるのですが、情緒的な関わりって、何ですか？

わかりません。だから、ケアプランが立てられません」と言いました。

怒り、悲しみ、喜び、哀しみ、楽しさ、しみじみとした思い、ほのぼのとした味わいなどと説明してもわかってもらえなかったので、「〝ひとりの人〟として大切にされていると感じられるもの」と言って、「自分が大事にされていないと思う時って、どんな時?」と尋ねてみました。「他の人にメールがいったのに、私にだけメールが来なかった時には、仲間外れにされた感じがして、孤独感を感じました」という返事がありました。今の若い子たちは、親きょうだいよりも仲間のほうが大切な存在なのかなと感じましたが、大事にされていると感じていただくために、丁寧に介助をするだけではなくて、ちょっとした気遣いや、目配り、心配りも大切なのだと伝えました。

渡辺俊之さんの『ケアの心理学』(ベストセラーズ)という本の中にも「身体的ケア能力が高くても、そこに情緒的な交流がなければよいケアではない」と書いてあります。森村修さんの『ケアの倫理』(大修館書店)という本には、「ケアという実践は、〝心の機微〟をきちんと理解したうえでなされなければならない」とあります。

つまり、求められているのは、上手な介護技術や豊富な知識だけではなくて、情緒的な関わり、心の援助なのです。情緒的な関わりをもつためには、自分自身の感性を磨く必要があります。花や星を見て「きれいだなぁ」、音楽を聴いたり、映画を観たりして「すてきだなぁ」と感じる気持ちがなかったら、満足感や喜びを感じとることができないし、相手に伝えていくこともできません。

しかし自分がこう感じるからといって、ケアをする側の自己満足や価値観の押しつけがあってはなりません。相手のことを理解していこうという姿勢が必要です。ここが若い人たちは苦手だと思うのですが、人間全体を理解しようとする努力が大事なのです。自分の「介護観」「看護観」だけではなくて、生きることと死ぬこと、自分の人生観をきちんともてるような人間としての成長が必要とされているのです。看取りを視野に入れるようになって、介護は非常に難しくなってきていると思います。

また、家から離れて施設に入らなければいけなくなってしまったお年寄りの苦悩や、年をとってしまうことの苦悩、障害をもってしまった自分の身体に対する苦悩などいろいろなご本人の苦悩がありますが、そういった苦悩に対する知識がない、想像力がないことも、介護を難しくしている理由の一つにあるのではと思います。

人と関わるのが難しくなっている時代だからこそ

介護保険導入以降、ケアマネジャーだけではなくて、施設の介護職・看護職にも、根拠ある計画に基づいた実践のために記録の充実が求められていて、するべきことが格段に増えてきています。そのために、現場では情緒的な交流をもつ時間的、精神的な余裕がなくなっています。また、ケアを提供する側の心のあり方として、相手を尊敬したり、共感や同情する能力に欠けていたり、ケアをする時の心理的葛藤を乗り越える力がなくなっている傾向があります。

「いっぷく」は全室個室で、ユニットケアを提供していますが、お年寄り一人ひとりの個別ケアが深まっていくにしたがって、職員は元気がなくなっていきます。職員がスランプに陥る時期がありります。自分の心の中のダークな部分、お年寄りをあまり好きでないかもしれない自分、お年寄りが言うことにイライラしてしまう自分、「ゆっくり食べてください」と言いながらも笑顔を引きつらせている自分に気づいてしまうのです。私はもっと優しくて寛容で、お年寄りが大好きだったのに、もっと優秀な職員だと思ったのに、いつまで経っても仕事が終わらない、やっと食事が終わって食洗機を回したと思ったのに、なぜまた食事なの、なぜ今トイレなの、といった葛藤を乗り越えられないのです。人間自体が弱くなってしまったのかもしれませんが、社会的な変化、世代の変化によって、どうにもならない部分もあります。それを考慮しても、最近は、人と接すること、関わることが難しくなっていると感じています。

大切な人と関わっていく時には、その人を単なる「介護や見守りが必要な人」、つまり「要介護者」

として見るのではなくて、「生活者」「家族の父・母」としてとらえる視点が大切なのです。目の前の現象から、その人の生活をイメージする力が必要です。「死」というのは、そこだけを取り上げるのではなくて、その人の生き方をきちんと支えなければ「死ぬこと」を支えることにつながっていきません。

ナミさんの看取りから見えてきたもの

経過

ナミさんは大正3年生まれです。末っ子の長男と二人暮らしでした。左大腿骨の骨折、心臓弁膜症の既往歴がありましたが、何とか元気でした。ところが、平成14年1月に左視床出血で手術を受け、完全右半身マヒで失語症となり、要介護5の、寝たきり状態になりました。

平成14年3月に退院し、近くに住む嫁いだ娘さんが実家に帰って介護はしていましたが、その娘さんも倒れてしまって、5月に老健へ入所しました。その後、10月にオープンしたばかりの「いっぷく」に入居されました。その時87歳でした。

食事は粥で副食は刻み食。刻みといってもほとんど形がないくらいに刻んで食べていました。オムツを使っていましたが、尿意がありました。老健では、オムツ交換に来る時間を把握して、排尿していたという超離れ技のもち主でした。移乗は全介助でしたが、何とか座位がとれるようになったので、春からトイレを使うようになりました。亡くなるまでほとんど失禁はありませんでした。

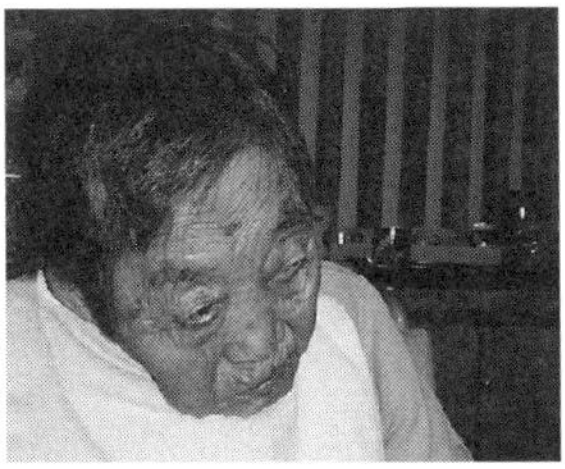
入所したばかりのナミさん。食事で起きるのが精いっぱい

食事も主食はおにぎりを食べられるようになって、おかずは、ものによっては軟らかく煮てつぶしたり、ひと口大に刻んだりすれば十分食べられるようになりました。その後しばらくは状態が安定していましたが、平成17年6月頃から、飲み込みの悪さが非常に目立つようになって、少しずつ衰弱していきました。その少し前くらいから、ちょっと集中した後とか、外へ出かけた後に疲れが目立つようになってきたので、その頃から衰弱期に入っていたと、今振り返れば思います。平成18年1月31日、再度脳出血を起こして2月3日に亡くなられました。

入所時のアセスメントポイント──今後の可能性を探る

ナミさん入所時のアセスメントポイントは、「現在の身体的、精神的能力のチェックと、今後の可能性を探る」でした。「今後の可能性を探る」ためにはあきらめないことと、今の状態から相手の能力を決めつけないことが大切です。

ナミさんはオシッコをしたいと訴えても、老健では「トイレの時間は○○時だからね。○○時になったら来るからね」と、排泄介助の時間が決まっていましたし、ひとりではトイレに座れませんでしたので、オムツに排泄するしかありませんでした。でも、ちゃんと排泄する能力はありましたし、寝たきりで股関節も固く、膝も十分曲がりませんが、介助をすれば座る能力はありました。

死ぬまでにやっておきたいことを実現するためには、小さな願いからかなえていくことが大切だと思います。私もよく口にしてしまいますが、「ちょっと待ってね」という言葉を改めていく必要があると思います。「ちょっと待ってね」と言ったら、必ずそのあと時間をとって「お待たせしました」「何の用でした？　待たせてごめんね」と、「ちょっと待ってね」に対応することばを加えていくことが必要だと思います。

施設にはよく見学者が来ます。見学者は写真を撮っていきます。「お年寄りさんの写真を撮ってもいいですか？」と聞かれるので、「お年寄りに聞いて、許可をもらってから撮ってください」と言います。見学者はニコニコしながらお年寄りさんと写真を撮ります。「写真ができたら送りますね」と言われますが、送ってくれた人はいません。だから、お年寄りは最近「外の人に写真を撮られるのはいやだ」と言うようになりました。かなわない願いなら、心の中に思い浮かべなければ、その願いがかなわなかった時の落胆は少なくてすむものです。願いをもってしまったがゆえに、それがかなわなかった時の落胆は大きくなります。だから、約束をするのであれば、必ずその約束は守ってもらいたいと思います。それが小さな願いをかなえていくことにつながりますし、自分が何かをしたいという思いを心の中にもってもいいんだなあ、という保証になっていくと思います。

死はタブーではありません。お年寄りは絶えず「死」を考えています。ですから、自分の人生の最期の時をどのように過ごしたいのか、本人に聞いておくといいと思います。認知症の人でも、瞬間的に話が通じる時もあります。そういった時にちょっと聞いてみてください。そして、急変時の対応を確認して、どこの病院に行きたいのか、主治医の先生は誰にしたいのか、どんな治療をしてほしいのかなど希望・意向を確認しておいてください。

安定期のアセスメントポイント―普段着を着ていただく

ナミさんは「いっぷく」に来た頃は体幹を支持をする筋力が弱っていて、起きるのがやっとでしたが、少しずつ体力がついて安定期に入りました。

安定期では生活の中でできることは何かをポイントにおいて、願いを「かたち」にしていきます。「外

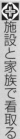

に行きたい」「桜が見たい」「風に吹かれたい」……そういったことを少しずつ生活の中で実現していくのです。また、現状維持に留まらずに、この時期は少し無理もきくので、挑戦する気持ちも忘れないでほしいと思います。

ナミさんは半年かかってやっと顔を上げられるようになりました。パジャマしかもっていなかったので、日中は洋服を着るので普段着をもってきてくださいと家族にお願いしたのですが、「パジャマじゃだめなんですか?」と、理由をわかっていただけなくて、パジャマしか着ていませんでした。88歳の誕生日を施設で迎えました。介護主任と2人でケーキ入刀をして、うれしそうでした。ユニットのお年寄りともうちとけてきました。車いすに座れると他の人と、こんなふうに過ごす時間ももてるのです、他の人は昼間洋服を着ていますと、ご家族に実際に見ていただいて、ようやく普段着をもってきていただくことができました。

4月下旬に満開の桜の下で花見もしました。ナミさんは右マヒですが、左手を使って自分から食べものに手を伸ばしてくれるようになってきました。夏には近所のお店にアイスクリームを買いに行きました。村祭りの日には表情が豊かになって笑顔も多くなってきました。寝る時もこんな仕草を見せて

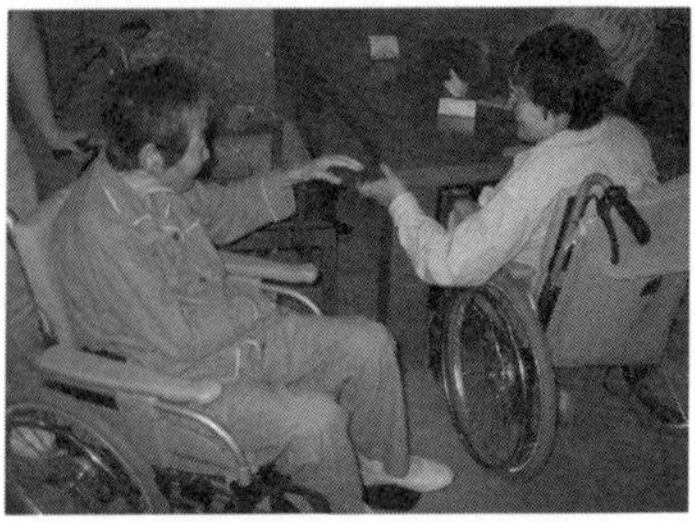

ユニットの仲間ともうちとけてきた

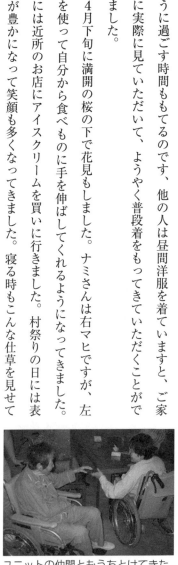

くださり、ずいぶん生活も表情も変わりました。

村祭りにて。少しずつ表情が豊かに

アイスクリームを食べてごきげんのナミさん

春、満開の桜の下で

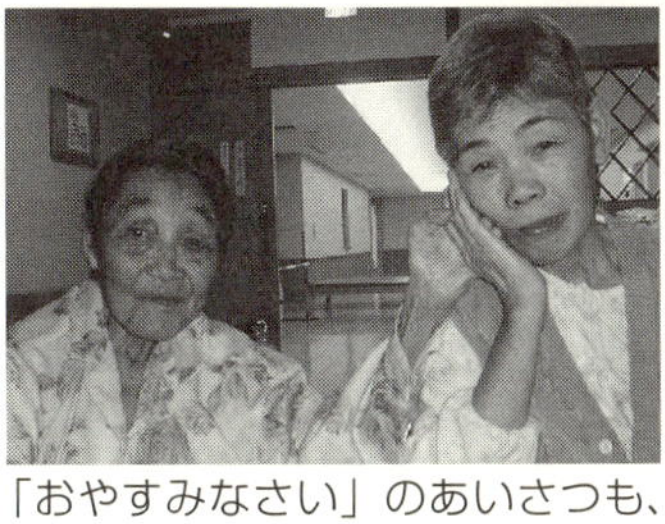
「おやすみなさい」のあいさつも、こんな笑顔でできるようになった

緩やかな衰弱期のアセスメントポイント―ご家族に覚悟していただく

ナミさんがお好きな貼り絵を一生懸命やった後の写真です。表情が少し疲れています。ふだんはあまり気がつきませんでしたが、写真で振り返ってみると、やはりこの頃から少しずつ弱っていたとわかります。

穏やかな衰弱期に入った時には衰弱の兆候を見逃さないことが重要です。集中をした後の疲れた表情はしばらくすると回復します。だから、起きていても疲れた表情はなくなってしまうので、ここで注意しておかないとわからなくなってしまうのです。小さな変化は見落としがちですが、風邪などのちょっとした体調の悪化で、極端に身体機能は低下します。この兆候をいち早く見つけ、そろそろ弱ってきていると覚悟をもってふだんの関わりをしていくことが大切です。また今後の見通しについて機会があるごとにご家族にきめ細かく説明をして、最期の時が近づいてきているという覚悟をしていただく必要もあります。

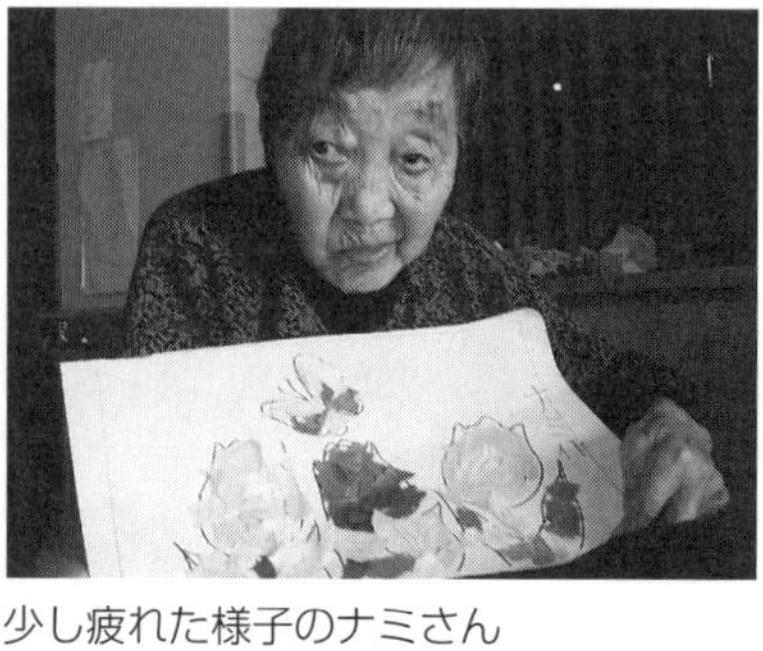

少し疲れた様子のナミさん

この時期が短い人もいれば、わりと長く続く人もいます。「冬は越せるだろうけども、お彼岸の頃から危ないかもしれません」「夏は越せると思うけど、来年のお正月はどうでしょうか」というくらいの大まかな見通しでいいので、ご家族にお話をしておきます。それと、急変した時や状態が悪化して食事が食べられなくなった時の希望、対応についての確認をこの時期に行っておいてください。

ナミさんは入居3年目の春になって、少しずつ体力が落ちてきました。体幹を支持する力が弱ってきたので、上体をまっすぐ保つことができなくなってきました。非常に疲れやすくもなってきました。

それでも、何とか夏は乗り切りました。この夏はとても暑かったので、体調をくずされるお年寄りもけっこういました。ナミさんは、何とか夏を乗り切ったのですが、秋頃からふつうの食事がとれなくなってきて、少しトロミをつけたり、刻んだりすることが多くなってきました。冬は乗り越えられたとしても、お彼岸頃にお迎えがくるのではないかとご家族に説明をしましたが、ご家族は実感がもてず、覚悟がしきれていない様子でした。

この時期にはご本人ご家族ともに漠然としたイメージしかわかず、ご自分でもどうしたいのかわからないことがあります。ですから口に

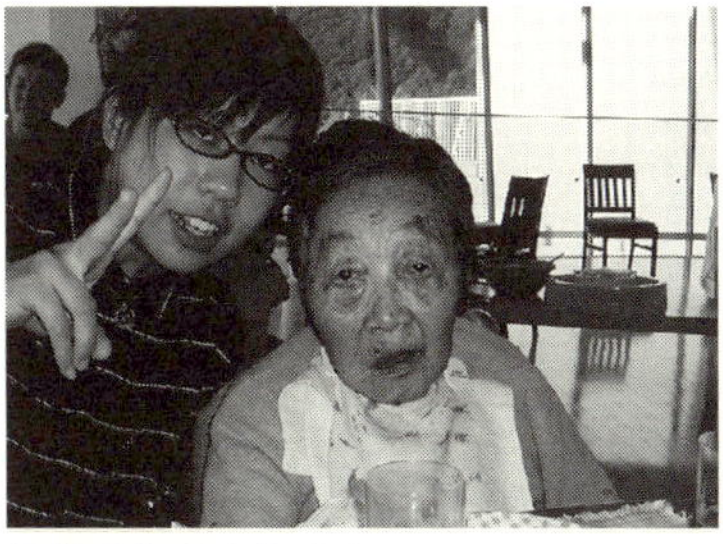

最後の冬のナミさん

3年めの春。この頃から少しずつ体力が落ちてきた

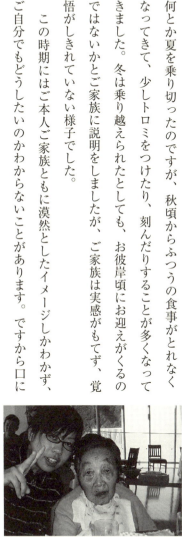

出している言葉の裏にある本当のニーズ、最期の瞬間までみたいのか、家族がいつでも病院や施設に出入りできるような状態にしておきたいのかなど、ご本人、ご家族双方の意向を具体的に確認しながら、最期をどのように、どこで迎えたいのか把握し、看取りの準備をしていきます。

そして、ご本人がやり残したこと、伝えきれなかったことはないのか、それを私たちがもし聞けるようであれば伝えていくことも大事だと思いますし、ふだんの生活での様子、暮らしぶり、印象的なエピソードなどをご家族に伝えていくことも介護職の大切な役目です。そして、職員とご家族が共通した思いをもっていくことがよりよい看取りにつながります。

これが最後の冬のナミさんの姿です。この左側の職員はこの年の新人ですが、ナミさんのことが大好きで失敗するとナミさんの部屋へ行っていつも慰めてもらっていました。ナミさんはとても手が大きくて、言葉は不自由ですが、その大きな手で職員の頭をヨシヨシしてくれるのです。ヨシヨシをしてもらって、彼女はがんばってここまできました。彼女がピースサインをすると、ナミさんも一緒にピースをしてくれます。前はちゃんと上がっていた手が、もう上がらなくなっても一生懸命やってくれました。

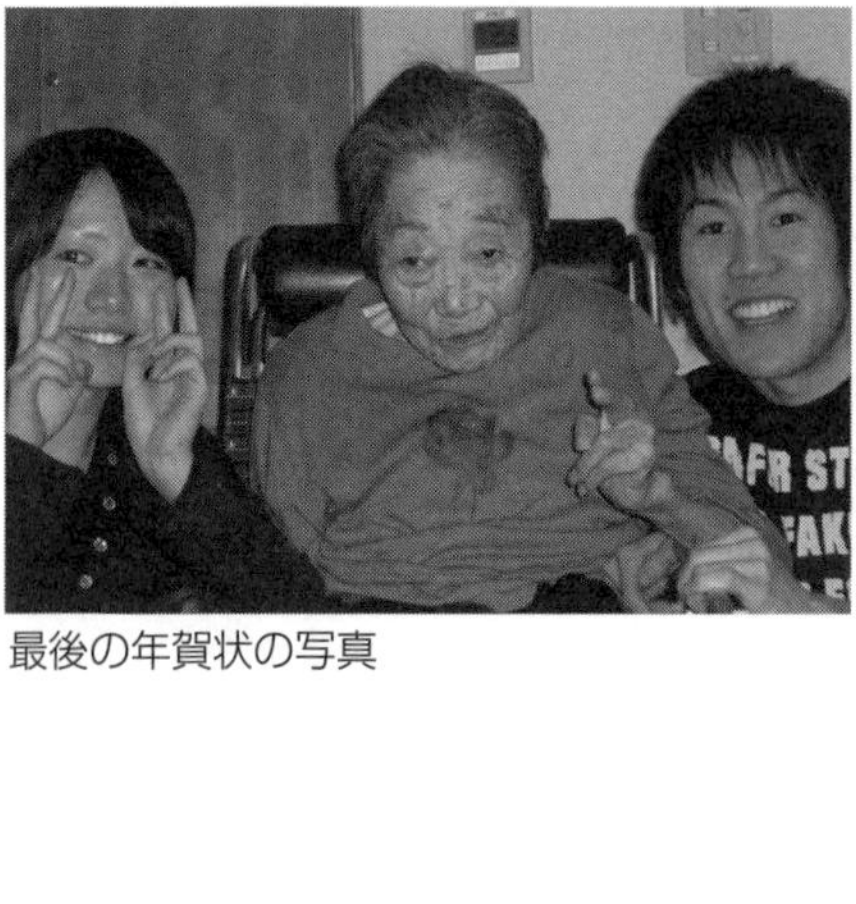

最後の年賀状の写真

「いっぷく」では、お年寄りと担当職員の顔写真にコメントを添えた年賀状をご家族宛てにお出しするのですが、これがナミさんの最後の年賀状になりました。

終末期のアセスメントポイント—何もしなくても楽になることがある

何とか春のお彼岸まで大丈夫かと思っていたら、急変がやってきました。この時には、本人への対応もさることながら、介護職からご家族へのアプローチが満足のいく看取りになるかならないかのポイントになると思います。ご家族は気持ちが混乱しています。

急変の連絡をして、医師の説明を受けて、息子さんは、「どうしたらいいんでしょう? 病院に行ったほうがいいのか、動かさないほうがいいのか。助からないと急に言われても…」とうろたえました。姉に「施設でみてくれるというんだし、動かしたら危ないと言うんだから施設にいればいいじゃない」と言われ、もうひとりの姉には「でも病院に行って診てもらわなくていいの?」と言われて、気持ちが動揺していました。親戚の中で一番力のある人から「何をしてもしょうがないから、今日のところは施設に任せよう」と言われて、「とりあえず今日は泊まらせてもらって、考えさせてください」と答え、息子さんは泊まることになりました。

死を迎える時にも段階があります。息子さんは再度看護師から説明されて、「助からないのはわかった。悪い状態だというのはよくわかった。でも、もう何も治療はしないというのでは、母をほったらかしにしているようで、つらい。自分にできることが何もないなんて本当につらい。そばにいる以外は何もしてやれないのだろうか」と、気持ちが揺れていました。それで、職員と一緒に顔を拭いたり、口を湿らせたり、服を着替えさせたり、腕や足をさすったりすることを勧めました。

息子さんは、「何もしなくても身体が楽になることもあるんですね」と言いました。それは、手をさすったり声をかけたりした時に、ナミさんが楽な表情になったことを指していたのだと思います。「とにかくつらいことはさせたくないのです。自分は何にもできないけれども、せめてそばにいて、手を握ったりさすったりして、話しかけてみます。こんな状態でも耳は聞こえているんですね。母が病気で倒れた時、自分は仕事が休めずに病院に行けませんでした。だから、今回はずっとそばに付き添っています」……こんなふうに気持ちが落ち着いてきました。

そして職員から特養ホームでのナミさんの暮らしぶりを聞いて、「今まで知らなかった母を知ることができました。『病院に行ったほうがいいのかな』と思ったこともありましたが、今まで何もできなかったぶん、そばにいることができてよかった。これでよかったんだと思います」ということばが返ってきました。

ナミさんは、入所した時に私に「おしっこが出るのがわかる、もうオムツはいやだ」と話してくれたので、私はパンツをプレゼントしました。施設にはもらいもののパンツが、段ボールに1箱もありました。失禁用の尿を吸い取るパンツ、パッドを併用して使うタイプといろいろとありましたが、しっかりおへそまで隠れて、ゴムの入れ替えのできるベージュのパンツと、おへそよりも下の深さで、なおかつゴムの取り替えのきかないレース状の生地で白地に水玉、それと薄いピンクに小さな花柄のパンツを見せて、ナミさんに「どれがいい？　私、プレゼントするよ」と言ったら、ナミさんは恥ずかしそうにピンクの花柄を選びました。「本当に？」と思いましたが、少女のような顔で「うん」とうなずきました。ナミさんはそれを大事にはいてくれていました。

その話を息子さんにすると、「知らなかった……。母はいつも白いパンツだと思っていたのに、ピンクの花柄ですか……」と絶句していました。

死を通じて家族に教えてくれることがある

ナミさんが亡くなった後、息子さんは「母が自分で選んだ花柄のパンツをはかせてください。そして、ふつうの洋服のまま『ただいま』と言って帰ってきてほしいので、着替えはさせないでください」と言われました。家の前で倒れて入院して、それから一度も洋服を着て家には帰れなかったのです。だから、うちに帰ってくる時は、パジャマではなくてふつうの洋服を着て「ただいま」と言って帰ってきてほしい、という要望を、しっかりと言葉にすることができた息子さんからは、大きな役割を成し遂げた達成感が感じられました。優しすぎて、お姉さんたちにいろいろ言われて戸惑っていた息子さんが、子として親を看取るなかで成長されました。親は自分の死をもって子どもに「生きる」ことを教えていくのだということを私たちも学びました。

看取りは、施設職員が直接のお世話をしていても、ご本人とご家族のものです。職員はできる限り肉体的、精神的苦痛を取り除くケアに努めます。介護職は看取りというと、医療の分野ととらえがちですが、そうではありません。医療があろうがなかろうが、介護の側はできること、すなわち情緒的な関わりをすることが大切なのです。

ご本人が伝えたいこと、やり残したことをご家族に伝えたり、やり遂げたりするお手伝いをしながらご本人の思い出を共有し、「たったひとりの大切な人」として最期を看取る、ここの部分があるからこそ、亡くなった後も施設を訪ねてくださるご家族があり、その後のおつき合いが続いていくのではないかと思います。

よい看取りは、周囲の人たち（家族、介護職など）を成長させ、新たな関わりを築き、生命のつながりをつくり出す力になります。私たち生活の場に関わる者が目指すべき看取りのひとつの形がここにあります。

ターミナルケアを経験しない介護職は伸びない

静岡県・介護老人保健施設「鶴舞乃城」
看介護長　高口光子

生活の場のターミナルケアを実現させるための3つの要素

生活の場のターミナルケアはある日突然やって来るものではありません。生活の中で当たり前の生活支援を積み重ねたその1つにターミナルケアがあるのです。生活モデルとして私たちの仕事を整理すると、業務の対象は、疾患や機能障害そのものではなく、治らない病気・障害を含めたあるがままの自分で生きていく、その生きにくさ、生活しにくさ、つまり生活障害です。

この観点に立って、まず死に向き合う人の生活障害を構成する物的環境・人的環境・介護関係を書き出してみましょう。

物的環境……どんなものに囲まれているか

物的環境とは、かたちとして目に見える生活基盤を指します。ターミナルステージに必要な物的環境は、まず住み慣れた居心地のよい空間です。ターミナルに入ったからといって、やたらに部屋を変えるのはどうかと思います。ユニットケアなどで、それまで個室を利用していた人にとっては、長く使ってきた自分の個室で最期を迎えることができるでしょう。これは全室個室のユニットケアの唯一いいところと言えるかもしれません。4人部屋などの場合には、同室の方の気持ちを考慮して、静養室などに移ることになるかもしれません。しかし、その場合にもその方がそれまで使っていた私物をできるだけたくさん一緒に移動するなどの配慮が必要です。使い慣れた家具、安楽を保つ寝具、最低限必要な医療器具など、目に見えるこうした物的環境が充実するためには、採光、空調、人の話し声、生活の音などが重要な役割を果たします。

その方はターミナルステージの重症な方です。自分でできる動作はほとんどありません。だからこそ居室に入った時、「ああ、この人は大切にされているな」ということが伝わるベッドメイク、整理整頓を心がけたいと思います。

その方の現役の頃の写真をご家族よりいただき、一枚飾るのもいいでしょう。

人的環境……関わる人はどんな人間観をもっているか

人的環境というのは、そのお年寄りに関わる人々がどのような知識や技術、人間観をもっているかということで決まります。

基本的な身体の保清、栄養の補給、呼吸管理などの生命維持のための知識、技術はもちろん必要です。そして、生活の場におけるターミナルケアは、お年寄りが弱り、亡くなられていくのをただ他人事のように見るということではありません。ここで求められている人間観は「よりよく死んでいくことはよりよく生きていくことと同じなのだ」ということです。このお年寄りは死ぬためにだけにここにいるのではないということを、自分自身がちゃんと受け止めきれるかどうかが人間として問われます。

求められる介護関係……老人は数や量として死ぬのではない

気になるあの人や大好きなこの人というように、これまでの生活支援を通じてすでに充実した関係が成立している場合もありますが、今あらためて死と向き合うことの不安や緊張を共有することで生まれる両者の関係の充実を大切にしていきます。

お年寄りは数や量として死ぬのではありません。病名ではなく、固有名詞をもったひとりの人物が人として逝かれるのです。これが生活の場のターミナルに求められる介護関係です。

生活の場のターミナルケアを充実させるための取り組み

施設方針を明確にする……救う命か、見届ける命か

たとえば「うちは介護保険施設だから死亡者は出さない」という乱暴な施設方針が一方的に打ち出

されてしまうと、充実したターミナルケアの実践はありえません。「うちから死亡者を出さない」というのがその施設の運営方針を端的に示したもので、しかるべき観察に基づいた報告が届き、正しい情報による検討がなされ、本人・家族の同意のもとで必要な医療が供給されて、治る病気は積極的に治療し、避けられるべき不測の事態（多くは事故を指す）を防ぐのだというのならわかります。

しかし、現実にはこの方針が一人歩きして、本人や家族の意向を十分確認しないまま他の医療機関に転院させてしまったり、いわゆる問題行動を一方的に〝処遇困難〟と決めつけ安易に退居させてしまったりする言い訳に使われている場合が多々見受けられます。治らない病気や治癒を望めない人が目の前で、いかに生きていくか、いかに死んでいくかに戸惑い、弱り果てているのに、〝適応判定〟を大義名分にして「あなたはうちの適応ではありませんから」と追い出すことをしてもいいのでしょうか。

介護保険制度において施設方針を考える時に重要なのは、望まれたニーズにはまず応えるということであり、〝一番困っている人こそ受け入れる〟という姿勢をもつことです。生活支援の場に人間や生活の〝適応判定〟はありません。困った人を見捨てない、重度の人ほど受け入れる、そういうプライドと気構え、つまり専門性をもった一人ひとりの思いが施設方針になっていきます。

各職種の専門性はすでに確立しています。大切なのはその専門性のあり方です。医療モデルは選んでいく専門性ですが、生活モデルは選ばれていく専門性です。

よく「施設方針がはっきりしないので仕事ができない」と言う職員がいますが、それは甘えです。施設方針は施設長や理事長がつくるものではありません。地域住民、または利用者一人ひとりです。お年寄りのニーズを一番知っているのは誰ですか？　現場の職員です。お年寄りと出会い「こういう介護をしたい」とか「このような介護が望まれている」ということを集約して会議で検討し、それが今はかなわぬことであっても次年度からどのような計画性をもって取り組むか、このことを文言化したものが施設目標となり、方針を決定していきます。「施設方針がないから働けない」のではなく、「方針に依拠する実態報告を、中間管理職をはじめとする職員がきちんと行っているかが問われる」ということです。

ケアプラン・サービスプランを作成する……家族の本音に寄り添ったプランか

どんなに施設方針が明確であっても、個別のケアプランやサービスプランが作成されていなければターミナルケアは成立しません。

①最期の場所を選ぶ

ケアプランで最も重要なのは、本人・家族の意向です。最期をどこで過ごしたいかは一人ひとり異なります。「優れた医療機材や専門職に囲まれて十分な医療の中で死なせてあげたい」と思うかもしれません。それも一つの最期の選択のかたちだと思います。家族がイメージする立派な病院とは具体的にどういうことかをしっかり聞いてちゃんと応えていきましょう。そして、その病院が決まったら、今までいただいた信頼を申し送りとしてしっかりつないでいきます。

「どこにいても命の長さが同じなら、慣れ親しんだみなさんの目・手・声の中で看取っていただきたい」というニーズもあります。「私たちにはもうおばあちゃんの声は聞こえません。しかし職員さん（あなた）はうちのおばあちゃんが今何をしてほしいのか聞こえるんでしょう？　そういうみなさんの目と手の中で、そういう関係の中で逝かせてやりたいんです」とご家族はおっしゃっています。担当のケアマネジャーは今までの関わりをもってつくりあげてきた信頼から、本人・家族の本当の気持ちを確認しなければなりません。

「普通、こういう人は病院に行くんでしょう？　これ以上お世話になってもいいのでしょうか……」とご家族は心情的にずっと弱い位置にいます。ご家族が「ここで最期まで見届けてもらいたい」と言ってくださるのであれば、私たちは深い感謝の気持ちをもって「一生懸命応えさせていただきます」という言葉を添えましょう。ほとんどのご家族は本当に生活の場で最期まで見届けるという選択があり得るのかと思っています。よく「ご家族が病院でいいですと言いましたから」と言うケアマネがいますが、ご家族が言いたくても言えないことを言えるようにするのが面談技術ですね。

②食べ方は生き方

ターミナルケア決定という段階の前に、じつは経管栄養・経口摂取の問題が出ているはずです。だんだん食べなくなったおばあちゃんがいます。見るからに痩せてきました。食事は1時間から1時間半くらいかけてエネルギーの高いゼリーをなんとか食べていただくのが精一杯の状況でした。この段階で家族参加型のサービス担当者会議が行われるはずです。家族はたとえば、長男と長男の嫁、そして長女、この3人が代表選手でしょうか。まず医師が、今の状態と医療的関わりの内容を説明します。看護職から栄養補給状態の不安定さについて、栄養士からは低栄養状態について詳しい説明があります。必要であれば、PT、OT、STたちも発言するでしょう。

一とおりの説明が終わった後で、ナースなどが「このように栄養補給状態が不安定な場合には3つの方法が考えられます」と切り出します。鼻から管を通す鼻腔栄養、お腹から管を通す胃ろう、口から食べていただく経口摂取。この3つの方法を、本人の不快さ、処置の内容、栄養補給状態の安定性、肺炎他のリスクなどに注目して、ナースがわかりやすく説明し、そのうえで「どれをお選びになりますか?」と問いかけます。ここは重要な場面です。なぜなら食べ方は生き方だからです。今、目も見えない、手足の自由もきかないほど重症化した親の生き方を子どもが選ぶという場面です。家族は迷います。ふと「ばあさんが答えてくれたらなあ、そしたらばあさんの言うようにしてやるのになあ」と息子さんがつぶやくかもしれません。

さあ、介護職の出番です。「息子さん、あなたが本気で聞いたらおばあちゃんは応えてくれると思いますよ」。なぜ介護職がこんなふうに言えるのかというと、今までずっと〝食べる〟時、その時に一緒にいたからです。食べることができるのに、どうしてこの人は食べてくれないのだろうかと悩み、「食べてもらうために歌ってみようかな、踊ってみようかな、それとも店屋物を取ってみようか?うなぎ屋に行ってみようか…」とやってきたのですから。

日頃あまり食べないミキサー食のおばあちゃんが、夏祭りでそうめんをツルツルと食べたのを見て「エーッ!」と驚いて「この人は食べることができるのに食べなかったんだ。夏祭りにあって通常業務にないものはいったい何だろう?」と真剣に考えてきたのですから。その人が一口食べた時、皆が手をたたいて喜んだ。介護職たちはそこで学んでいます。〝食べたい〟を引き起こすのは〝食べてもらいたい〟なのです。それを実践してきたのが介護職たちです。だから、本当に食べられなくなった今、何が私たちに必要かが言えるのです。

家族は話し合って、迷いに迷って決断するでしょう。食べ方は生き方に関わることとして穏やかに自分たちが判断した結果として、家族が発言できる過程をつくることが重要です。経口がいいとか経管が悪いとかという問題ではありません。そのお年寄りに関わる人が真剣に悩んで本気で話し合ったという過程がとても大事です。

自分の親の老いにしっかりと向き合う体験を子どもたちにもっていただくことは、仕事としてターミナルケアを実践する職員たちの重要な課題です。自分の親の老いに向き合うということは、自分自身の生き方を自分で考えるということです。これが、亡くなっていく親のニーズだと私は考えています。

しかし、このニーズに応えるのはひとりぼっちではあまりに荷が重すぎます。あなたと一緒に親の最期を見届けたいという職員がいることを確かに伝えることが大切な理由はここにあります。

「どう食べたいですか」は「どう生きていきたいですか」という問いかけです。さらに、私たちは「どう生きていきたいですか」と問いかけた人間として「どう死んでいきたいですか」と問いかけます。日常をともにし、「どう生きていきたいか」ということを真剣に問うた者しか「どう死んでいきたいですか」という問いかけはできません。

家族に確認しておかなければいけないこと

ご家族に対して説明をする時に、確認をしておかなければいけないことが5点あります。

①急変時または状態悪化時に救急車を呼ぶか

「救急車を呼ぶとたいていは救急病院に運ばれます」「救急病院とは、どんなことをしてでも命を救いますよという病院です」と具体的に救命救急の実際をわかりやすく伝えてあげてください。ご家族が「救急車を呼んで病院に運ぶより、この施設の人たちのそばにいてほしい」と言われたら、ここは言質をとります。「症状増悪により回復不能と判断されるほどの重篤性があった場合には救急車を呼ぶことは不必要である」と記録に残すということです。このことが後に、夜勤帯で急変症状を示した時の夜勤対応の基本になるわけです。記録に家族の言葉を残し、その時の思いも記録しておきます。が、しかし、実際にそういう状況に至った時には必ず家族に電話をして「このような状態になりましたけれど、救急車はいかがいたしますか」と聞いてください。基本的な言質を冷静な時に確認しておいて、なおかつ急変時には、再度丁寧に説明し、必要以上に緊張させることなく家族が自分の思いを根拠に考え、判断できるように対応することが大事です。

②施設では病院と同じ治療はできない

施設でできることとできないことをわかりやすく説明します。施設で酸素吸入ができるか、留置カテーテルができるか、吸引ができるか、モニター装置はあるか、点滴はどうするか、ＩＶＨの管理ができるか…といったことがポイントになるでしょう。だいたいの施設は酸素・点滴と留置のカテーテルと吸引くらいができるのではないでしょうか。

もちろん、できるからといって、一方的に実施するのではありません。どのような行為も、本人の安楽に役立つこともあれば、苦痛になる時期もあることを説明します。その都度、実施するか、継続するか、中止するかを家族と話し合っていきます。

③最善をつくすものの、時として死後発見になってしまうかもしれない

亡くなられてからの家族連絡となり、死に目に会えないことがあるかもしれないということを説明します。希望があれば施設に泊まり込むことは可能であることも付け加えましょう。1時間に1回は必ず巡回するし、いよいよ状態が悪くなったらできるだけ声かけの頻度を高くするが、モニターが知らせてくれるわけではないので、巡回時に亡くなっているのを発見することがあるかもしれません。

そこを深くご理解いただけるご家族であれば「あんたたち職員の話し声や気配を感じられるところにいるのだから、ばあちゃんは一人ぼっちではないでしょう」「皆が一生懸命仕事をして声をかけてくれるなかで逝けるからいいよ」と言ってくれるでしょう。

一方、死に目に会いたいと強く希望されるご家族なら、急変対応として私たちができることとできないことを家族協力の具体性も含めて示さなければなりません。

なぜここで確認をとるのか。それはナースのためです。ナースは看護教育で〝死後発見はあってはならない〟と叩き込まれています。死後発見が絶対に認められないと生活の場で言われると、ナースの不安は高まります。親しい人、お身内が臨終の場にいることは重要であるとするナースの基本姿勢は尊重しましょう。私たちがしてはならないのは、お年寄りを一人ぼっちで逝かせてしまうことだと医療と生活の場の死後発見の違いを示します。ですから「仮に死後発見に至る可能性があっても、人の思いや心配の中、職員の話し声や慣れ親しんだ生活空間に包まれるようにして、穏やかに逝かせてあげたいというのがご家族の希望なんですよ」ということを記録で示すと、ナースは落ち着きます。

④施設条件によって実費徴収があるので、その予想される金額の目安を伝えること

施設によって実費徴収がある場合があります。療養型病床のほとんどは問題ありませんが、特養ホームでは生活支援は介護保険から、医療行為は医療保険からときちんと仕分けをして、なお実費徴収分を、つまり家族負担分を計算することができます。難しいのが介護老人保健施設です。

介護老人保健施設は医療費の上限がはっきり決まっています。上限以上の医療費がかかった場合は施設の持ち出しです。ご家族には請求できませんので、施設長や理事長に話しておく必要があるでしょう。途中で「金がかかるから退所してもらう」とご家族に言わなければならないことになったら大変です。ちゃんと押さえておいてください。たいていの管理者は「たしかに費用がかかるが、このお年寄りから私たちが育てていただいたことはお金には換えられない」と言われると思います。

⑤ターミナルステージから関わりをもつ家族への説明は誰がしているか

長男はすでに亡くなり、その嫁が献身的に介護をしているおばあちゃん（姑さん）がいました。お嫁さんと施設の私たちとの間には信頼関係ができています。お嫁さんは「病院にもどこにも行かない。ここがいい」と言っています。介護職としてそれはうれしい信頼です。しかし、「おばあちゃんにきょうだいや親戚はいませんか」ということを今一度確かめてください。一人の人が亡くなった時、これを機会に出てくるであろう親戚に一度は筋を通すという場面をターミナルステージの段階でつくることが重要だからです。

そして、急変時（仮に限りなく死亡に近い状態であっても医師が死亡確認するまで、決して亡くなったと職員は発言しない）には、誰に連絡するのかを、その順番を含めて、確実に再確認しておきます。

以上の5点はケアマネジャーが直接確認し、家族の言葉とともに正しく記録し、関わる職員と共有します。ただし家族は揺れます。家族だからこそ揺れます。

記録は「あの時にああ言ったじゃないですか」と責めるための資料に使うのではなく、その時どきの家族の思いを受け止めた記録として残していくのです。

病状や状態変化についてはケアマネジャーや看護・介護職をはじめとする職員がきちんと説明することが大切です。介護職が看護師のような説明をする必要はありません。

看護師はバイタルチェックを中心に体調管理の指標を示すことが原則になるでしょう。介護職は介護職の説明をすればいいのです。介護職は自身が接して「なんか今日は目がしっかりしているように思えたよ」「昨日はすごく呼吸が楽そうに見えた」「昨日は足先がすごく紫色で心配だったからさすっておいたよ」など、自分で見えたことや手でふれたことをきちんと報告します。

医師の説明……医師によって場面設定を使い分けよう

常勤・非常勤、外部のかかりつけ医にかかわらず、医師が直接家族に説明する場面は必ず設定します。わかりきっていることですが、この時医師ならびに説明を実施する職員は家族の意思決定を尊重し、共感をもって不安な家族の気持ちが安心へとつながるよう具体的でわかりやすい説明をすることが大事です。お医者さんが〝ドクターコトー〟とか〝矢嶋嶺先生〟（長野県／矢嶋診療所医師）や、〝徳永進先生〟（鳥取県／野の花診療所院長）のように、広く大きく穏やかな心で相手の立場を思い考えながら、きちんと説明してくれる医師ならジャンジャン会わせてください。

しかし、「こうなると普通なら病院ですよ」とか「何かあってもこっちの責任にされちゃ困りますからね。はっきり言うと迷惑です」などと平気で言う医者が時どきいます。そういう医者は「リスク回避」ということでできるだけ家族と直接会う場面を減らします。しかし、一度は医師からの説明を受けておかなければ、家族の不納得は後々まで続くことになります。

家族にとって、医師の言葉の重さというのは私たち一般職員とは違います。よほど強い意志と明確な判断力をもったご家族でない限り、自分たちの思いや決めたことに、一般性はあるのか、他者評価に耐えられるかと、不安になります。「お医者さんもこう言ってくれた」というのは、世間に対する自分の姿勢のよりどころになります。ですから医師の説明場面を確実につくってください。

しかし、この人には家族に説明してほしくないなあ、という変な医者も時どきいます。このような社会性の低い医者には必ず職員が立ち会いましょう。そして、医者が「治ると思わないでくださいよ。あてにされちゃ困ります」などと失礼なことを言ったら、あとで「あの先生、口は悪いけれど本当はとてもいい先生なんですよ」とフォローしておきましょう。

介護職がサービスプランを発表する……責任を自覚する場面

介護・看護職はサービスプランを作成します。

自分の身内の死さえ見たことがないという20歳そこそこの若い介護職員が担当になり「お食事はこうします」とか「排泄はこうします」「痰が出ている時はこうします」「枕はこの位置でこうします」「30分ごとに交換します」ということを一生懸命書くわけです。介護職は、お年寄りへの思いや今までの関わりを順序よく伝えることは不得手ですが、私は介護職の若い子たちがヘタクソな字で一生懸命、サービスプランを書いて家族に説明して、そのあとで怒ったという家族を見たことがありません。ほとんどのご家族は、自分の子どもや孫にも相当する年代の職員が一生懸命書いたものを読み上げながら「自分のおばあちゃん、おじいちゃんと思ってがんばります」と言った時「たのむよ、あんたがやってくれるなら安心だ」と、まるで介護職を元気づけるようにサービスプランを承認されます。その時に職員は「自分がこのお年寄りの担当なんだ」ということを実感します。関係が託される大切な場面です。

スタッフの不安に応える

介護職の不安に応える

サービス担当者会議に医師と家族が同席したことがあります。介護職は不安なので「けいれんを起こした時はどうなるんですか？」「急激に血圧が下がった時はどうするんですか？　救急車を呼ぶんですか？　先生を呼ぶんですか？」と医師を質問ぜめにしました。

そうすると、ご家族から「あわてなくていいからね。家族を気にして追い立てられることよりも、じいちゃんをひとりにしないでちょうだいね」というありがたいお言葉をいただきました。しかし、それでもまだ介護職は不安そうでした。

その時、医師は「どうしても君たちが不安でたまらなければ僕に連絡をください」「ただ僕を呼んだからといっても、僕も君たちと同じことしかできないからね」と言いました。介護職たちが「同じことって何ですか？」と聞くとその医師はこう答えました。「血を吐いたら拭いてさしあげます。けいれん発作がおきたら抱きしめます。声をかけて、身体にふれて片時もそばを離れない。それが僕にできることであり、みなさんができることなんだよ。人が死ぬ時、できることはみんな同じだよ」。その時初めて、「怖い、怖い」と力んでいた介護職たちの肩の力が抜けました。命のおおらかさを教えられたのです。もちろん一定の緊張感と集中した眼差しは要求されます。しかし、死を得体の知れないものとして必要以上に反応し、否定的な感情になるのは本末転倒であろうということです。

ターミナルケアにおける介護職ならではの役目がここにあります。命の瀬戸際にいる人にこそ、食事・排泄・入浴が大切なのだという自覚をもつこと。介護職の仕事とはたくさん声かけをし、たくさん身体にふれ、一緒に怖がり、一緒に呼吸をし、一緒に泣くことです。〝この人をひとりにしない〟ということを自身の存在をかけてやり抜くのが介護職なのです。

不安でいっぱいの介護職に対して「目をそらしてはいけない、逃げてはならない」ということを思いを込めて介護職と語り合うことが看護職の仕事になるでしょう。お年寄りがだんだん痩せて、顔色が悪くなり、指の先や唇の色が変わってくると、介護職たちは恐ろしくなり、看護職に全部まかせてしまおうという気持ちになりがちです。この時、ナースはきちんと言ってあげてください。「近づきなさい」「声をかけなさい」「手をふれなさい」と。「人間はどんなに弱っても耳だけは聞こえるんだよ。

あなたたちの手肌のぬくもりはわかるんです。このおばあちゃんと一番一緒にいたのは誰？　私たちが今声をかけなくて誰が声をかけるんですか」と力強く言ってあげてほしいのです。

いよいよ重篤になってくると、サービスプランをもう一度見直します。

バイタルの数値や全身状態に対しての基本的な観察のポイントは、看護と介護が一緒につくる過程が大事です。血圧はどこまで下がったらナースに連絡するのか、どのくらいの高熱になったら何をするのか、家族はどんな状態の時に呼ぶのか……、あんなことがあるかもしれない、こんなことがあるかもしれないということを一緒に考えるのです。この場が介護職にはとても勉強になるでしょう。観察のポイント、バイタル測定の重要性、基本的対応、これらを具体的に、そのお年寄りの日頃を知っている私たちがその方の固有名詞をもって勉強できることが大切です。

それらを一つひとつ書き出してサービスプランにしていきます。できあがったものは詰め所などの目立つところに貼っておくとよいと思います。

そして、あらゆることを考えたサービスプラン、または対応一覧をつくっても、現場では、これ以外のことが起こることを互いに確認し、それを乗り越えるのがチームワークであると再認識してください。

看護職の不安に応える

ターミナルケアの場面で重要な役割をもつ看護職ですが、時として最も不安が強くなる職種でもあります。自分の目で見て、耳で聴いて、目の前の実在する人物に自分のもてる知識や技術のすべてを用いて、自分で判断するという看護の基本を忘れてしまっている看護職がいます。なかには、病院にあまりにも長くいることにより処方箋や指示がなければ動けず、検査データしか信じられず、薬や機材がなければ仕事ができないとふてくされている人もいるようです。

自分の目と手が信じられないものだから「私が見なければいけないんですか」「私が判断しなければいけないんですか」「私が責任とるのですか」と他を威嚇するような態度のナースが出てくる。そんな看護職に対してリーダーは、「落ち着きなさい。あなたは自分の目で見て、手でふれる、それが仕事でしょう」と言ってあげてください。はっきりさせておかなければいけないのは、急変の責任をナースには問わない、しかしいつ急変を発見し、その後どのような対応をしたかについては記録を見ますよということです。

とても真面目なナースは、時としてこういうことを言います。「見ていられない。病院へ行けば楽になるし、もっと十分なことがしてあげられるのに」。もっといい方法があることを知っているのにそれを提案し実施しない自分は悪いことをしているのではないかという不安は、専門職である以上自分で整理しなければなりません。

家族も含めて関わる人すべてが不安なのです。ターミナルケアの本質は、ひとりの人物の最期に立ち会うことをきっかけに真剣に思い悩むことです。

Cさんは80代のおじいちゃんです。本人・家族の意向で、施設で看取ることになりました。看護師のDさんは「施設の看・介護として、できる限りのことは精一杯やりたいんです」「病院じゃないからといって、決してケアの質は落としませんよ」などの発言をされるようなとても真面目な人でした。介護職たちにも「がんばるわよ、あなたたちががんばっているからCさんもがんばってる。だから私もがんばる！」。次第に堅苦しくなってきて、介護職たちも「なんだかなあ、ソワソワしちゃうよねえ…」と思うようになってきていました。

Cさんのおばあちゃんがやって来ると、真面目なナースのDさんは「Cさん、おばあさんが来てくれましたよ」と話しかけます。

そして、そのCさんのおばあちゃんにも熱心に説明します。「おじいちゃん、がんばってますよ。あ、おばあちゃんが来たのがわかるみたいですねえ、ほら目がパチパチって動いたでしょ…」などと言うわけです。すると、おばあちゃんが「ああ、そうかな」と言って、おじいちゃんのほうを向いて「じいさん、あんたもうがんばらんでええからね」「こんな若い娘さんに囲まれていい往生やないか」「じいさん、ぼけ老人になってから何もかも忘れよったけれど、死ぬのだけは忘れちゃいかんよ」と言ったのです。

そのおばあちゃんの言葉で、職員の力が抜けて、部屋の空気全体がフニャフニャとなっていったんですね。おばあちゃんの「もうがんばらんでもええよ。死ぬのを忘れんようになぁ」でどれだけ職員の緊張が楽になったか。「さんざん迷惑かけたじいさんだし、ほどほどでいいからなぁ」とおばあちゃんは言ってくれました。

おばあちゃんがCさんを軽んじているということではなく、家族がこの慣れ親しんだ場に看取りを頼んだのは、もっとおおらかに、楽しくとまでは言わないけれど、Cさんとのこれまでのエピソードを毎日の中で思い出し、笑い話の一つもしながらじいさんを囲んでやってくれないかなという思いなのです。

人ひとりが死ぬということに慣れっこになってしまって、「はいはい、特養もターミナルやりますよ、点数が付くようになりましたから」というのも困りますが、あまりにも過剰に反応して、それが死んでいく人に反映することがないようにしたいものです。

私たち介護職は、介護内容の説明を通じて家族だけではできないことを支えますと伝え、それを認めていただいた時から、私たちがご家族の方々に支えられていることに気づきます。家族だけでできないことは、職員だけでもできないことです。

こうしてターミナルのケアプランは完遂する

この人が亡くなってあなたは責任が取れるのか。

この問いかけに私たちは弱いです。しかし、はっきり答えていきたいと思います。

この人の死に私たちは責任を取れないと。

ひとりのお年寄りが亡くなった時、その死に責任を取れるのはその人自身だけです。自分の死に責任を取ろうとするお年寄りを、生活支援の中で見届けるのが私たちの仕事だということです。このことをあらためて確認しておきましょう。

ターミナルケアを知らない介護職は伸びません。人が死ぬということを知らずに生きることを支える意味を理解することは難しいからです。

お年寄りの今日をしっかり支えきれない者がお年寄りの明日を語ってはなりません。お年寄りは今日よりも明日、今週よりも来週、今年より来年のほうが条件が厳しいのです。お年寄りは「いいか、人は死ぬんだよ、だから生きるんだぞ」ということを身体をはって教えてくれます。一つの命の前で介護だとか看護だとか、聞いているとか聞いていないとか、責任が誰にあるとか、そんなことは本人にとって失礼なことです。まず「今」を生きることを支えきること。その価値を理解するには、人は死ぬということを知っておかなければなりません。

いよいよご臨終の間際になった時に、チェーンストークス呼吸が始まります。当時私が病院で見た時には一つの呼吸類型でしかなかったけれど、生活の場で見ると、あれは神様が人間に最後に与えた大切な呼吸であることがよくわかります。家族や介護職が囲み、ナースが観察を続けている。ふーっと呼吸が弱くなった時にナースが「声をかけなさい」と言います。みんなが「おばあちゃん、おばあちゃーん」と呼ぶ。そうすると息がふーっと上がってくる。作業としての心臓マッサージだけではなく一生懸命呼びかける。「ああ息した、息した」。

そうやって、振り返り振り返りして、大切な人が遠くに行きます。「手を握りなさい、声をかけなさい、絶対ひとりで逝かせないんだよ」とナースが言います。介護職たちはたくさんの声をかけ、身体中をさわって「おばあちゃん、おばあちゃん」と言う。おばあちゃんが、振り返り、振り返り、遠くに行く……。

後から駆けつけた医師が後ろでじっと見ています。何でもできる医療が、何もせずに後ろでじっと見ている。生活の場の医療の役割は、安心の根拠そのものだということがあらためて見えてきます。

おばあちゃんの息が止まります。みんな一斉に泣きます。「あれもしてあげたかった、これもしてあげたかったのに間に合わなかったよう」と介護職は泣き崩れます。

この時、看護職から介護職へぜひこう言ってあげてください。「このお年寄りにしてさしあげたかったことや間に合わなかったことを、これから出会うお年寄り一人ひとりに一つひとつ返していこうね。人間はね、肉体一つが朽ち果てたくらいで、生きていたことを、ここにいたことを人から忘れ去られることを一番さみしく思うんだよ。あなたはこの方のことを忘れないね」。この時、慣れ親しんだ環境の中で、人としての関係の中で見送ってほしいという家族のニーズは果たされます。

これが生活支援の場におけるケアプランに基づいたターミナルケアです。

私たちは毎日の食事・排泄・入浴を通じてたったひとりのお年寄りとめぐり合います。そして今、かけがえのない日、忘れられない日という非日常をつくり上げていきます。この日常と非日常をつくり上げて、初めて人ひとりを支えきるという、生業としての生活支援の深さを知ります。24時間365日、人ひとりをお預かりする施設ケアだからこそ成し遂げられる生活支援の場におけるターミナルケアのあり方がここにあります。

ケサノさんの踊り

私が出会ったひとりのおばあさんのターミナルケアを紹介します。

永吉ケサノさんは大ぼけのおばあちゃんで、踊りが大好きでした。踊るおばあさんを介護したことがありますか。お手洗いで「座ってください」と言っても踊りますから大変です。お風呂に行って「脱いでください」と言っても踊っています。ですから職員はいつも「踊らないで、踊らないで」と言ってばかりいました。

ケサノさんのことが大好きだったのは園田という職員です。「みんなで一緒に踊って食事介助したらいいんじゃないかな」と言ってみたり、時に仲間から「ケサノさんは何を言ってもわからないから、ケサノさんの介護はつまんないよ」なんて言われても、「そんなことないよ。ケサノさんはおもしろいよ」と言いながらがんばっていた職員です。

ある日ケサノさんのケアプランを立てることになりました。ケアプランの項目は、本人の意向として「〜したい」というスタイルで生活課題をまとめます。しかし、ケサノさん自身が「〜したい」なんて言ってくれるはずもありません。園田は少し不安になりました。が、ケアマネジャーが「担当の園田さんが一番してあげたいことをケアプランの項目にすればいいんだよ」と言ってくれました。

そうすると園田は「いつも施設のみんなからケサノさんは『踊らないで』と言われているけど、私は思いっきり踊らせてあげたい。そういうケアプランはだめかな?」とケアマネジャーに言いました。「じゃあ、どんなことがいいと思うの?」と聞かれて園田は「牛深のハイヤ祭りに連れて行きたい」と言いました。

ハイヤ祭りでケサノさんに思いっきり踊ってもらいたい

熊本と鹿児島の県境に牛深というところがあります。そこではハイヤ祭りという楽しいお祭りがありました。園田はそのお祭りにケサノさんと参加して、2人で思いきり踊りたいと言うのです。そこでケアマネジャーが「牛深までお連れするのだったら、思いきってケサノさんの故郷の鹿児島まで行ってみたらどうだろう」と言いました。

「へえ、ふるさとか、それおもしろそうだねえ」彼女は張り切りました。まず、最初の手順としてご家族にケサノさんを鹿児島にお連れしたいと園田の希望を申し上げました。

「こんなに年を取った母親を故郷へ連れて帰るなんて思いつきもしませんでした。仮に思いついたとしてもみなさんが言い出してくれなかったら、思い切ることはできなかったでしょうね」と長男さんが言いました。

「こんな母親を故郷の人に会わせていいのでしょうか」

移動には施設のデイの車を借りよう、運転は相談員に頼んで、故郷の人には長男さんから連絡してもらって、心臓の病気のあるケサノさんだから、看護師に1人ついてきてもらって……など、と園田は一生懸命計画を立て、苦手な報告書を書き、自分自身で一つひとつ確認と交渉をやっていきました。出発を2、3日後に控えて家族参加型のサービス担当者会議を開きました。園田は鹿児島行きの説明をご家族にしました。そして説明が終わって「何かわかりにくいことがあったら、何でも聞いてください」と言いました。

息子さんが「ちょっといいですか」と手を上げられました。そして「故郷に今母を連れて帰ることは本当にいいことなんでしょうか」と質問されました。最初、質問の意図がわかりませんでした。一同はシーンとします。息子さんは続けて「故郷の人たちは若くて元気で働き者だった頃の母親しか知りません。こんなに年をとってしまって身体も弱り、人さまから〝ぼけ〟と呼ばれるようになった母親を故郷の人に会わせることが、故郷の人にとっても、母親にとっても本当にいいことなんでしょうかね」。

私たちはその人の個性の一つとして、目が見える、見えない、背が高い、低いと同じように〝ぼけ〟

ということばを使っていました。「〃ぼけ〃は侮蔑語」と言われてもピンとこなかったのは、ぼけをそうとらえていたからです。ただ、息子さんにとって自分の母親の〃ぼけ〃はまだまだ悲しいことばの一つだったのだなあ……こんな時、何と言えばいいのだろう。会議はいっそうシーンとしてしまいました。

すると、園田が立ち上がって真っ赤な顔をして言いました。「私はケサノばあちゃんが大好きです。だってすごいおもしろいもの。だから私は思いっきり踊ってもらいたいなと思いました。故郷の人に私はケサノばあちゃんを見てもらいたい。どんなに年をとってもどんなに身体が不自由でも、どんなにぼけていてもこんなに家来をたくさん連れて帰れるすごいおばあちゃんなんだよということを見せてあげたい、大名行列みたいにして帰りたい！」。もう自分で何を言っているのかわからない状態で、とにかく一緒に帰りたいという一心でした。

息子さんは「みなさんの気持ち、わかりました。帰りましょう、ふるさとへ」と言ってくれました。園田は大喜びでした。

お嫁さんの打ち明け話

出発当日デイサービスの車が正面玄関に止まりました。介護の職員はもちろん、厨房や事務所からも職員たちが皆出てきて「いってらっしゃい」と声をかけるけれど、ケサノさんには関係ありません。ケサノさんは独り言を言いながら勝手にバスに乗ってしまいました。張り切っているのは園田だけです。まるで選挙の遊説に出発するかのごとく「行ってまいります。行ってまいります。みなさんどうぞよろしくお願いします」と弁当と水筒を肩からぶら下げて、長男さんご夫婦と一緒にバスから身を乗り出して手を振って出かけていきました。

高速道路のサービスエリアでお昼休憩を取りました。厨房の職員がつくってくれた、ちらし寿司のお弁当でした。キラキラ光る真っ白なお米に豆の緑、鮭のピンク、卵の黄がきれいに散らされてとてもおいしそうでした。長男のお嫁さんがお弁当を見て、「こんなにしていただいて…」と泣き出しました。

「いいっスよ！　ケサノさんのおかげでこんなに楽しいことができるんですよ」と園田はニコニコして応えます。

お嫁さんが話してくれました。「義母がぼけ始めた頃、家は修羅場でした。家の中のものが次々と壊され、あっちこっちにオシッコやウンコをするんです。私は近所の人にバレやしないかと毎日毎日後片付けに追われていました。誰にも相談できなかったし、言えませんでした。けれど、仕事から帰ってきた主人にだけは、『お母さんがこんなこと、あんなことしたのよ』と話しました。聞いてもらうだけでよかったのに、主人は私を怒るんです。

『俺の母親だ。何が言いたいんだ。俺に何をしてほしいと言うんだ』。悲しかったですね。話も聞いてもらえないのかと思いました。でも無理もありません。主人はやさしい息子でしたから、年とともに弱り、ぼけとともに壊れていく母親をとても見てはいられなかったのだと思います」。

「人間こうなったら犬猫以下ですね」

私はお嫁さんが〝やさしい息子〟と言われたところでちょっと「ん？」と思いました。ケサノさんが施設に入居された時、同伴された息子さんは「人間こうなったら犬猫以下ですね」とおっしゃってこられたのです。家族だからってそこまで言わなくてもいいのにと思いました。「犬だってお手やお座りができる、猫だってウンコ・シッコをする場所がわかる。このばあさんときたら人の言うことは何一つ聞かないし、ウンコ・シッコの場所さえわからないんだ。こうなったら犬猫以下だ」と言うのです。

意地の悪い息子さんだなあと当時は思っていましたが、園田の話を聞いて納得できました。やさしい息子さんは年齢とともに壊れていく母親の老いをとても正面から受け止めることができなかったのです。

彼はいつまでもやさしい息子のままではいられませんでした。妻が身体を壊し、息子の受験が始まり、家じゅうが異様な緊張感に包まれ、このままでは家族皆がダメになると思いました。やさしい息子としてではなく、厳しい家長として判断を下さなければならなくなりました。それは母親を、産みの親を施設に入れるという決断でした。これは彼にとっては過酷な決断でした。その思いを断ち切るために「こうなったら犬猫以下だ」というきついことばで自分を支えたのでしょう。

踊りがことばの代わりになった

鹿児島に着くと永吉家の人たちがたくさん出迎えて、「ケサノばあさん、よう帰ってきたのう」と声をかけて皆で囲んでくれました。しかしケサノさんには関係ないですから、バスを降りて真っ直ぐ家の中へ入ってしまいました。いくら声をかけても会話にならないのです。故郷の人たちはちょっと意外で、残念そうでした。そうすると故郷の方々は「まあいいわな、よう連れて帰ってきてくれた。無事で何より」と園田たちに声をかけてくれました。

そして、夕飯を兼ねた宴会が始まりました。なごやかに近況報告し、会話が弾んでいい雰囲気になった時、ケサノさんがゴソゴソし始めました。園田はわかりました「ケサノさん踊りたがってる」。息子さんの「ボケた母親を故郷の人に見せてもいいのでしょうか」ということばが耳に残っているので、園田は「ケサノさん、今日だけは踊らないで」と祈る気持ちでいました。すると園田の気持ちを知ってか知らずか、ケサノさんはスルリと立ち上がって踊り始めました。園田はどうしていいかわからなくなってしまいました。

でも、ケサノおばあちゃんの踊りを見て故郷の人たちは「ほほう、ケサノおばあ、この踊り覚えちょったか」と言って、立ち上がって一緒に踊り始めました。この踊りは、その土地では永吉家の人たちしか秋祭りに踊ることができないとても大切な踊りだったそうです。お米が苗として植えられ、稲穂になって刈り取られるまでのお米の一生をうたった、この地域にとっても永吉家にとっても大切な踊りでした。ことばでやり取りできないケサノさんですが、踊りを覚えていたということが故郷の人たちにとってはうれしくて、何度も歌って踊ってくれました。

私たち介護職にすれば踊りは仕事の邪魔をするいやな問題行動です。でも、踊りはことばでやり取りできないケサノさんと故郷の人たちをつなぐ大切なものでした。問題行動って何だろうと、あらためてケサノさんに教えていただきました。

ターミナルケア始まる

その年の夏頃からケサノさんは弱り始めました。食もだんだん細くなり、痩せてきました。このままの状態が続けば、さらにケサノさんは弱っていくことが誰の目から見てもわかります。

そこで話し合いをもちました。おのずとテーマは経管栄養にするか、経口摂取を続けるかという、お話になってきます。息子さんはおっしゃいました。「母の人生は母のものですから、母の自然に任せたいと思います。もう無理なことは何一つしようとは思いません。みなさん方に大変お世話になり、これ以上のお世話をかけることは大変申し訳ないという気持ちでいっぱいですが、できましたらみなさん方の、今までどおりの関わりを大切にして、ここで母の最期を見届けさせていただけないでしょうか」。

本人・家族の意向に沿いターミナルケアのケアプランが作成されます。最初の課題は食事でした。ケサノさんはすでに食事にとても時間がかかるようになっていました。そんななかで、ご家族の意向がはっきりして「この施設でお願いします」と言われた時、園田の顔つきが変わりました。そのことは皆に伝わりました。園田が出勤の日は園田がケサノさんの食事担当です。1時間以上かかる食事介助に園田をつきっきりにさせました。園田が出勤でない日は、皆が一つひとつ取り組んでいきました。そしてだんだんゼリーを食べることさえ危うくなり、酸素だけは家族の希望で続けさせていただき、オシッコの量もだんだん少なくなってきました。

園田の夜勤明けに逝ったケサノさん

ケサノさんのすごいところは、園田の夜勤明けの朝に逝かれたところです。わかっていたんじゃないかと思うくらいでした。ケサノさんの様子が変わったことを、他の職員が施設長に知らせにいっている間、園田はケサノさんの手をずっとにぎり、「息が止まった」というのが最期の記録になりました。

ケサノさんの葬儀は熊本の自宅で行われることに決まりました。鹿児島のご親族が今度は熊本に駆けつけました。園田をはじめ私たち職員も参列しました。園田は泣いてばかりで自分の名前が記帳できませんでした。それを見た鹿児島のご親族が、声をかけて背中をさすります。「あの時の職員さんだろう。ケサノばあちゃんのこと、ありがとうね」と言っていただきました。そして「あの時はおもしろかったね」とご遺体を囲んでみんなで故郷に帰った時のことを泣いたり、笑ったりしながら話しました。

「老いることは怖いことではないよ」

葬儀の最後に息子さんが喪主のあいさつに立たれました。「こんなに楽しく母の思い出を語ることができて、あの時思いきって鹿児島に帰って本当によかった」

園田、よかったねえと、私は心の中で思いました。

息子さんのあいさつが続きます。「私はずっと思っておりました。母親なのに息子をなぜ苦しめるのだろうかと、母は私に何を教えたいのだ、何を言いたいのだ、そんな気持ちでいっぱいでした。正直に言うと、いつまで生きるんだろうと思いつめたこともありました。自分の親の長生きを寿《ことほ》げないダメな息子でした。でも、今日、母のためにお集まりいただきましたみなさん一人ひとりの顔を拝見して、私はわかったような気がします。人間はどんなに年をとっても、身体が不自由になっても、〝ぼけ〟と人様から言われようとも、その温かい人間関係の中においては最期まで自分らしく生きることができるんだよ、老いることは怖いことではないよ、と息子の私に教えたかったのだと思います。今日はみなさんありがとうございました」

お年寄りの最期を見届けられる幸せ

若い職員たちは言うかもしれません。

「どうせ、この人死ぬじゃないですか」「どうせ死ぬのだからトイレだろうが、オムツだろうが、どうでもいいじゃないですか」「フツウのお風呂だろうが機械浴だろうが、経口だろうが、経管だろうが、どうせ病気も障害も治らないし、どうせこのまま年を取って、最後は死ぬんだから、そんなにこだわらなくていいじゃないか」と。

お年寄りは身体をはって教えようとしています。生きること、老いること、死ぬこと、支え合うこと……。老いたる者が若者に何を伝えたかったのか、私たちは仕事として、これをしっかりと受け止めていきたいと思うのです。

生活支援の場のターミナルケアというのは、ひとりの人を固有名詞をもった大切な人として、〝私〟がその最期を見届けるということです。それが私たちの仕事です。ひとりの人に出会うために日常業務があります。人が人として出会うための日常業務だからこそ私たちはこだわるのです。介護職としての誇りがここにあります。

すべての人が必ず大切な人に出会えるわけではないことを私たちは知っています。その大切な人の最期を見届けられる機会に仕事として立ち会えることは、介護職自身の人生にまで影響をもつことでしょう。

ターミナルケアを経験するかしないかで、介護職の技量は大きく変わってきます。ターミナルケアを経験していない介護職はいつまでも伸びないのです。

裏看護道を行くおしげが出会った地域での看取り

富山県・デイケアハウスにぎやか

看護師　若林重子

私の看護の出発点

昭和52年、ナースになった私は県内にはまだ数か所しかなかった老人病院に就職した。その病院には、ナースと看護助手がいて、医療行為はナースが行うがそれ以外の業務に区別はなかった。師長は外科出身のナースだった。他のナースが「私が前に働いていた病院ではナースはオムツ交換はしなかった」とか「これは看護助手の仕事だ」と言うと「ここは急性期病棟ではありません。医療行為だけがナースの仕事ではない、他にもやることがあるはず」と突っぱねた。すごい人もいるもんだと思い、まあ何でもやろうと思った。そこが私の看護の出発点になった。

その病院が神奈川県に老人病院を建てることになった。富山から数人の職員が出向することになり、私はそのうちの一人に加わった。すぐ軌道にのって富山へ帰れると思ったが甘かった。ナースが集まらない、入院患者は増える、とにかく何でもやらなければいけない、ずっと走り回っていた。少ない人数でどうまわすか、人を動かすかをここで叩き込まれた。

そんな頃、老人内科をやりたいとひとりの医師がやってきた。公立のリハビリ病院にいた医者だった。彼は自分が働いていた病院に私を連れて行ってくれた。「（年寄りの）生活とはこんなものですよ」と言って見せてくれたのは、決してきれいとはいえない、いろいろなものが散乱しているベッドだった。各病室でベッドの配置が違っている、もちろんベッドの高さも。ポータブルトイレの木製の手すり、目かくし用のカーテンなど、病棟のナースと医者が工夫を凝らし日常生活道具をつくっていたのだ。説明してくれたナースは「大変なこともあるけど、このお年寄りが好きだから」と言った。この「好きだから」という言葉が衝撃だった。

私は働いている病院でこの人が好きだからと言える年寄りがいるか？　この人のためにと思いながら仕事をしているか？　考えれば考えるほどつらかった。死んでいくのを待っているような人ばかりいる病院での仕事、そのうちその医者も辞めていった。好きだったはずの看護という仕事が嫌いになっていた。病院を辞めて富山に帰ることにした。

富山に帰ってしばらくした頃、その医者から富山で老人病院を建てるから一緒にやらないかという話があった。「またかよ…」と思いながらも加わった。

入院患者さんと訓練室で遊んだり民間病院で県内初のデイケアをやったり、外来患者の自宅訪問をしたり、仕事が楽しかった。年寄りのいい顔をたくさん見せてもらった。

しかし、増床し特養、老健をつくり、事業が拡大していくとなぜか楽しみは減った。病院は生活の場とはほど遠く、収容する場になっていった。大学病院から若い医者が派遣され、新しい医療がどんどん入ってくる。検査データだけで患者を診る、私はついていけなかった。そして、病院を辞めた。

家の年寄りが毎朝検温するか？

病院ではできなかったことをやりたいと、生活の場である特養ホームに勤めた。ナースが白衣を着て施設にいることに違和感を感じ、白衣を着るのをやめた。老人が喜んでくれることは何でもやりたかった。現場の介護職は、むしろそんな私に抵抗を示した。でもそこにいい表情をした老人がいればいい。それだけでいいと私は思っていた。

老人病院時代、医師不在に近い状況でやってきた私には何の不安もなかった。本当に医療が必要な時は病院を受診しよう、それを見極めるのが医務室の役目、医務室にこもることもいやだった。幸い病院が経営している施設ではなかったので医療行為は少なかった。

ナースは夜勤をしなかったので（そのうち入居者の夜の状態を知りたいという理由で、私は医務室のなかで唯一一人夜勤をすることになるのだが…）予測される事態には対処方法を伝え、対応は寮母にまかせた。朝出勤した時に報告を聞けばいい、入院していたって急変はある、発見が遅れることもある。もしかしたら、目の前にいるこのお年寄りには明日はないかもしれない、そう思って毎日関わろうと考えた。

寮母と一緒に動くことでこんな時はこうする、どうしてこれをやるのか伝えることができた。一方的に指示していては駄目、自分の目で確かめ、お互いに情報を共有する、寮母に教えられることも多かった（寮母の情報量は多い）。

知人から雑誌が送られてきた。それが『ブリコラージュ』だった。三好春樹って誰？　オムツ外し学会って何？　関わり方を変えると老人はこんなに変わるんだ、びっくりした。さっそく、寮母室に持って行ったけど、何の反応もなし。これにもまたびっくり。

そのうち、施設長が三好春樹を知った。職員数人を連れ講演会に行き、『寝たきり地獄はもういやじゃ』（誠和園スタッフ・筒井書房刊）を買ってきた。みんなでまわし読みをした。「すごいね　こんなふうにやりたいね」という意見、「ここじゃ無理だよ、できないよ」という意見、「できない、できないってばかり言わないで、どうすればできるか考えよう」寮母主任が言った。

みんなで三好春樹の本を読みあさった。「やりたい、変えたい」と言う仲間とセミナーに行った。オムツ外しもしたし、15名くらいいた特浴利用者を0にした。施設の中で何かをするのではなくて、地域のお風呂に行ったり、お酒を飲みたいのなら街の居酒屋へ行く。温泉に行ったり、食べたいものを街へ食べに出る……同じ意識をもつ仲間と一緒に変えていった。なかでも寮母主任は強力な助っ人だった。

介護保険に向けて増床が決まった。

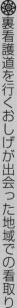

50人の老人をみることすら一生懸命なのになぜ増やすのか？　一つ屋根の下に大勢いることに何のメリットがあるのか？　わからなかった。医務室も今までやらなくてもよかったことをやらなくてはいけないことに変わっていった。ナースは50人のバイタルチェックだけでよい、他のことはするなといわんばかりに業務が増えていった。そのうち寮母主任が辞めた。それを機に、寮母主任のやり方に不満を抱えていた現場スタッフが動いた。一気に不満が爆発し、築いたものが壊れていった。崩れるのは早かった。これは変だ、おかしいと言えばいうほど立場は悪くなる、何か訳のわからない大きな力で抑えられていた。こんなはずではなかった。自分が楽しくなければ相手を楽しませることはできない。

ある深夜勤務の日、私は50人全員の体温を計って記録をつけなくてはと、いつものように検温をしていた、一人のじいさんが「あんたまた、体温計突っ込むが毎日計らんでもいいかろう」と、寝ぼけた顔で言った。私は「何言うとんがけ。毎朝計らんならんが、決まっとんが」と言い返した。そのじいさんは「家にいる年寄りが毎朝熱計るのかよ、ここはわしの家だ、もう計らんでもいいがに」と言った。

そうだ、ここはこのじいさんにとって家なのだ。自分ではこんなこと無駄だ、やらなくてもいいのにと思っていたことを目の前のじいさんにズバッと言われたのだ。私は言い返した時にすごい顔をしていたのだと思う。「自分の気持ちをすり減らして働くな。今は楽しいこと、何もないんやろう?」と心の中を見抜かれた気がした。

私は単に体温計を入れる。それだけのためにここに10年もいたのか……と愕然とした。そのじいさんの言葉でスーッと肩だけでなく全身の力が抜けた。気持ちが楽になった。そうだ、私はこんな仕事はしたくない、しんどくても忙しくても、あ～あ楽しいと笑える仕事がしたい。

そんな時ブリコラージュに「にぎやか看護師募集」の記事が載っていた。平成12年の2月号だった。条件は「男女問いません・体力のある方」。代表の阪井由佳子に電話をした翌日、私は10年勤めた特養ホームに辞表を出した。

必要な時だけナースに変身

平成12年4月から「にぎやか」で働き始めた。病院、特養と、老人だけを見てきた私は世の中にはいろんな人がいるもんだと驚いた。

障害者を見た時「どうすればいい??」。

わからないことは聞けばいいんだ、自分の知識だけで関わってはいけない、介護者が先生、介護者に教えてもらえばいい。それでも「どうしたらいいのかな？」と思えば、皆で考えればいいのだ。この方法が一番なんてことはない、ちょっといい加減かもしれないが、今はこの方法がいいよということだ（ベストよりベター）。「にぎやか」では私がいる時はやるけれど、私にしかできないということは避けたいと思っている。

ある時吸引していたら、たぶん吸引を見たこともやったこともないスタッフが寄ってきた。吸引の必要性や、やり方・注意点などを説明していると「目の前でもし痰がからんで苦しんでいたら何とかしてあげたい。その時、吸引できないから、ナースじゃないから、というのはいやだ、やらせてほしい」と言う。私は「ほら、きた！　教えるよ～」という気持ちで教えた。カテーテルをもつスタッフの手が震えている。「大丈夫、できるよ」。

こんなふうに教えることでスタッフはできるようになる。ナースの領域をおびやかすなんてことは思わない、家で生活している人は、家族が病院で教えてもらい、ちゃんとやっているのだから。本当に必要な時だけナースに変身すればいいのだ。

人として関わる楽しさ

病院で働いていた時は患者しか知らなかった。生活の場である特養ホームに勤めたが、そこにはあるはずの《生活》がなかった。「にぎやか」に来て在宅で生活している人、そしてその家族を知った。住み慣れた地域、家で生きる、暮らし続けることの大変さを知った。でもまだまだ知らないことがある。「にぎやか」利用者のかっちゃんは、私のことを「落ちこぼれのナース」という。本当にそのとおりだ。知らないことは教えてもらおう、知らないことを恥とは思わない。知るために努力すればいいのだから。毎日笑ったり、泣いたり、怒ったり、悲しいこと、楽しいこと、うれしいこと、いやなこと、いろいろなことがある。一方、阪井由佳子は、私を「裏看護道」と言う。でも、私は自分のことを正統派の看護師だと思う。

当たり前のことがそうではなくなりつつある世の中。そんな今だからこそ「にぎやか」みたいな家が存在してほしい。そして、そこに一人の人間として目の前にいる人に関われるナースがいてほしい。

最期までみるとか、支えるって本当に大変なこと、でもみてほしい、支えてほしいと思っている人が自分の目の前にいたら誰だって手を貸すでしょ、知らん顔はできないから支えているつもりが反対に支えられているのかも……、この関係はやっぱりおもしろい。

◉おしげの実践報告

病院で施設で死ぬがちゃ、なんかちがう……

ハナさんは、どうして私はこんなに泣かなければいけないんだ、どうしてこんなにしんどいんだと初めて思わせてくれた人です。介護がしんどいんじゃないんです。ハナさんを思うこの気持ちがしんどいのです。ハナさんに関わってきたことが私の財産だと思っています。

佐々木ハナさんは大正5年生まれの色白の美人。富山県の山のほうにある宇奈月町で暮らしていました。「にぎやか」に来た頃は要介護度5で本当に寝たきりでした。話しかけても反応はないし、車いすに乗っても身体が曲がってしまう、座位もとれない人でした。

介護者は、娘の咲枝さんと孫のかおるちゃん、「ハナ・咲き・香る」なんですね！（笑）ハナさんは咲枝さんの家に来る前は特養ホームにいました。咲枝さんは未婚

ハナさん

で子どもを産み、1人で美容院を経営しています。若い頃は、ハナさんにいっぱい、いっぱい心配やら迷惑をかけたそうです。そんな咲枝さんは、老人ホームの広いデイルームの隅にぽつんと置かれているハナさんを見て、「子どもはたくさんおんがに、ばあちゃんはあんなに苦労してきたがに、一生懸命がんばってきたばあちゃんをなんでこんなところで死なせないかんが……」と思って自宅に引き取ったといいます。そういうだけあって、咲枝さんもかおるちゃんもそれはもうハナさんを大事にしておられました。

2人は介護のカの字も知りません。「介護って何け?」という2人が、要介護度5・寝たきり、最後には胃ろうになって自宅で点滴を受けて、病院で亡くなったハナさんを自宅で5年もみたという、ま、それだけの話なんですが……(笑)。

「にぎやか」でのハナさん

咲枝さんは美容院をしているため、昼間はほとんどハナさんに関われません。夜の7時ぐらいに仕事が終わってから、夜中の1時ぐらいまでが「ばあちゃん、ばあちゃん…」と家族の団欒があるという暮らしぶりでした。だから、ハナさんは昼間「にぎやか」に来てる時はずっと寝てて、帰る頃に目が開くという感じだったんです。だから、泊まりの時も夜中、もう私たちは眠りたいという時にハナさんは全開！　という感じ。朝、添い寝していた阪井由佳子の頭にハナさんの足があったという（笑）。きっとハナさんは夜中に一人で動き回ったんでしょう。それくらいに昼夜逆転している人でした。

上よりハナさん、阪井由佳子、陽平（由佳子長男）

最初で最後の家族旅行

２００２年、毎年「にぎやか」が行っている１泊旅行で氷見温泉に行きました。「みんなと一緒に行動できないから、私が車で連れて行きます」と咲枝さんがハナさんを連れて参加しました。「きっともうこれが最後だろうし、途中で何かあるかもしれん、何かあったらにぎやかさん頼むね」と言って連れてきてくれました。

ハナさんが食べられないことはわかっていたので、咲枝さんはハナさんが食べられそうなものをつくって参加した旅行なんです。

ハナさんは、咲枝さんと一緒に、立山連峰と海が見える一番いい部屋で一晩過ごしました。咲枝さんはこの時、「最初で最後の親子２人だけの旅行なんだねえ」としみじみ言われました。

咲枝さんとハナさん

ハナさんの暮らし方

ハナさんの自宅です。レースのマットレスを敷いて87歳のばばあが寝とるです（笑）。ハナさんを大事にしている咲枝さんの気持ちがひしひしと伝わってきますよね。年がいったから汚いところでいいということはない。これは私の親なんだ。どんな服を着せれば喜ぶか、どうすればきれいに見えるか、「ねえ、ばあちゃん、こんなにしたらきれいだよ」「シーツを取り替えたからここに寝られ」などと、ハナさんはしゃべらないけど、咲枝さんは毎日そんなふうに話しかけておられました。ハナさんはこんなすてきなところに寝てたんです。ばあちゃんはピンクが好きだからと、タオルから洋服までまるで若い娘が使うようなかわいいものがいっぱいでした。

　ハナさんが車いすに座った時に入れるクッションも座り方が悪くなるたびに増えていきました。「普通のクッションじゃ、かわいそうだから」とかおるちゃんが、お店でかわ

ハナさんが寝ていたベッド。レースのマットレスがかわいい

いいクッションを見つけてきました。この大きさなら腕の下にちょうどいいねという感じでそろえていきました。ただ、クッションを当てるだけでなく、かわいく当ててやりたいという思いが伝わってきます。

ハナさんのベッドの脇にはポケットがたくさんついた袋が掛けられて、必要なものがすぐとれるようになっていました。介護の力の字も知らない咲枝さんが工夫したことです。ずっと咲枝さんが胃ろうのセットをされました。あまり早く入れるとばあちゃんがつらいからと、2時間、3時間かけて、ゆっくり入れていました。シロウトの咲枝さんが、「ばあちゃん、苦しくないかあ?」と聞きながら入れておられました。胃ろうの高さも自分たちで調整していました。誰が教えたわけでもありません。最初は紐でぶら下げていたんですけど、S字フックを100円ショップで買ってきてそれにかわいいマスコットをつけて「ばあちゃん、ご飯食べようね」と言って入れていたんです。

ハナさんは胃ろうになってから約1年生きました。3月に胃ろうの交換をしたのですが、その後肺炎を併発して入院され、2005年4月23日に亡くなられました。

人生は順繰り……地域で死ぬということ

この写真は2年ぐらい前の写真ですが、ハナさんはもうだいぶ痩せてきています。ハナさんのそばで寝ている子は〝なおぶー〟といいます。このなおは生まれて6日目から「にぎやか」に来ています。おかあさんが退院してきたその足で「にぎやか」に来て置いていきました（捨て子じゃないよー（笑））。いつもハナさんの足元で昼寝をしていました。ムチムチのナオとガリガリのハナさん。対照的な2人です。

このなおぶーの上に、ゆうたというおにいちゃんがいます。ゆうたもハナさんが大好きです。この2人は、ハナさんが死んだということがわかっています。なおぶーが2歳半。ゆうたは3歳半です。

いつもハナさんが寝ていた場所に来て、ゆうたが「ハナさん、いないね」と言います。すると、なおぶーが「死んだねえ」と言います。先日、ハナさん家へお参りに行って、「ハナさんどこにおる?」と聞くと、2人は写真を指さして「ハナさん、ここにおるよ」と言いました。この子たちはハナさんが大好きだったから、ハナさんがい

ハナさんとなおぶー

なくなっても覚えています。ハナさんが亡くなって、ハナさんの家にお参りしたらハナさんの写真があって、そこで「のんのさま」をお参りしてきたということをこの子たちはわかっています。誰が教えたわけでもないです。

昔は家には年寄りがいて、子どもがおって、嫁はんがおって、孫がおって、そのなかにはちょっと障害のある子もいて、そんな大家族のなかで子どもたちは育っていました。生と死は順繰り、順繰りだということをそんな環境の中で子どもたちは学んでいたのです。

今は「にぎやか」がそれをやっています。「にぎやか」にはいろんな人が来ます。いろんな別れがあります。このハナさんだけではなくて、そのたんびにいろんなことを考えさせられて、ああ家で死ぬとはこういうことがやと思います。

施設で死ぬことがだめなわけじゃないけれども、できればこんなスタイルで順繰り、順繰りやっていければいいなあと思います。できれば家で、地域で、そこらへんで死ぬというのが当たり前のスタイルじゃなかろうかと私は思っています。

家でみるとはこういうことがや。ハナさんは、病院で施設で死ぬがちゃ、なんかちがうね、家で地域でみてかんなんねえということを、私に教えてくれた本当に大切な人です。

家族が看取りをとり戻すために、僕たちにできること

福岡県・第２宅老所よりあい

所長　村瀬孝生

これまで「第2よりあい」は6名のお年寄りを看取りました。今日はそのなかから3人の方のお話をします。

花田フシさんの看取り

フシさんは最終的には自宅に帰られましたが、ギリギリまで「第2よりあい」で見取りを家族と共有させていただいた方です。

フシさんは92歳、「第2よりあい」に泊まった第一号でもありました。都々逸が大好きで、いつも「梅は咲いたか　桜はまだかいな♪」と唄っていました。手をピシャンと叩いて両手を広げて「ぴしゃりしとる」と言うのがフシさんの口癖でした。

直腸にがんがあることがわかり、家族は入院させるか、させないか悩みました。90歳を超えたフシさんに今さら開腹手術の必要があるのだろうかと思ったのです。しかし、直腸の腫瘍が腫れて排便できなくなることが予想されたので、手術することになりました。ぼけのあるお年寄りが人工肛門を着けたらまた大変ですが、フシさんは腫瘍の切除だけで済み、無事退院ということになりました。歩けなくなったフシさんを家で介護をするのは大変なのでリハビリの施設に入所しますということで3か月ほど入所しました。しかし、ぼけがあるので訓練はできないと言われ、結局寝たきりになって「第2よりあい」に帰ってこられました。顔つきも変わり都々逸も唄われませんでした。

92歳と25歳の同棲生活

退院と同時に泊まりが始まりました。1週間のうち「第2よりあい」に4泊5日することで在宅を支えることになりました。退院のお祝い会をした時「ビール飲む人」と職員が聞いたら、フシさんが手を上げました。そして、おいしそうにビールを飲まれました。そのあたりからフシさんは徐々に元気になっていきました。

その頃の「第2よりあい」は開所して1年目で、夜勤を組めるような態勢ではありませんでした。それで当時25歳で「『よりあい』に勤めたい」と言ってきた若者の言葉を逆手に取り「土、日は絶対休みを確保するから、フシさんと土曜日まで一緒に暮らしてほしい」とお願いしました。92歳のフシさんと25歳の若者の同棲生活が始まりました。

お風呂に入る時などは本当におもしろかったです。彼がフシさんと一緒にお風呂に入ります。フシさんがお風呂から上がってくると僕が身体を拭く役目でした。その間に彼は自分の身体を洗ったり、ゆっくりお風呂を楽しんだりしているわけです。くもりガラス越しに見える彼の姿を見てフシさんが「主人にタオルを渡してください」と言ったりしました。また、彼はけっこう失敗の多い愛すべき職員でしたが、僕が注意をするとフシさんが「私が悪うございました」と彼の横で泣いたりするのです。一緒に暮らすということは、通いの介護者とは関係が違うんですね。関係がしっかりつくられていることを実感しました。

フシさんのがんが転移していることがわかりました。全身に黄疸が出てきました。お医者さんから「黄疸が出ている時に日に当たるとビール瓶のように黒くなるよ」と言われましたが、本当にツヤツヤの黒々になりました。末期のがんでしたが、それでも外出していました。

いきなり40度の熱が出てガタガタと悪寒がくることがありました。その時はこちらも大パニックになりました。不安らしく布団の中で手をまさぐっているので、職員が手を出すとその手をしっかり握りしめて震えていました。1回目の悪寒が来た時、往診に来たお医者さんが点滴をしようとすると「生きるつもりでします」と言って自分から腕を出しましたが、2回目の悪寒の時は「私を殺す気ですか！」といやがってなかなか手を出してくれません。お医者さんが「しょうがないから対処療法で座薬を入れてやっていきましょう」と言われました。

その時僕たちが考えたのは、熱が出ることを恐れて安静にしていたらフシさんは寝たきりになってしまうということでした。熱が下がるとフシさんはケロッとして熱が出たことを忘れているのです。最初は安静にしてもらいたくて別の部屋にベッドをつくっていましたが、熱が下がるとベッドに腰かけて通所の人たちが集まっている部屋を覗き込んでいるのです。それならベッドをこちらに持ってきてしまおうということで、皆が集まる部屋にベッドを移動して一緒に過ごしました。そして、熱が下がったら外へ出かけようということで、よく喫茶店に行きました。手を合わせて本当においしそうにコーヒーを飲まれていました。

そのうち、黄疸が強くなり食欲も落ちて、この調子では来年の桜は見られないのではないかという話になってきました。そこで思い出の旅行に行こうということになり、奮発して湯布院温泉へ行くことになりました。当時は通所の人も5、6人しかいませんでしたから、フシさんを中心にみんなで行きました。しかし、行く前にまた40度の熱が出てしまいました。とりあえず第一陣に出発してもらって、僕は後から追いかけることにしてフシさんと残りました。夕方には熱が下がったので車に乗ってもらい、「今から湯布院に行きましょう」と高速道路を走り出しました。

ちょうど夕日がきれいな時間帯で、フシさんは運転する僕の横で夕日に向かってパーンと手を打ちながら「うつくしかー、うつくしかー」と繰り返していました。

しかし、次第に日が暮れてくると、不安になったのか「私をどこに連れて行くのですか、私を殺す気ですか」と言いながら、運転している僕の手をつかもうとします。僕は、せっかくのフシさんの旅行なのだからと思い、すごいスピードで車を走らせました。無事に温泉に着きました。あれだけ食欲が落ちていたフシさんが食前酒を飲んで、ご飯をペロリと食べました。

「医療行為はいりません」という判断

温泉から帰ってきてもその旺盛な食欲が続いたので、僕たちは「もしかしたらこのまま死なないんじゃないかな」という感覚になりました。医者からも「肝臓の腫れがひいている」と言われました。「これはもうちょっと長生きしてもらえそうだ」と思っていた矢先、また食欲がガタンと落ちました。食べてくれないし飲んでくれない。ゼリーを口に運んでも口をキュッと閉じて受け入れてくれない。フシさんはかぼちゃと鶏肉の煮物が好きでしたので、それをつくりました。いい匂いがしたのでしょうか、その日は食べてくれました。しかし、その翌日から一切何も受けつけなくなりました。

娘さんは、かねてから自分の考えをおもちの人でした。「口から食べなくなったらもう終わりです

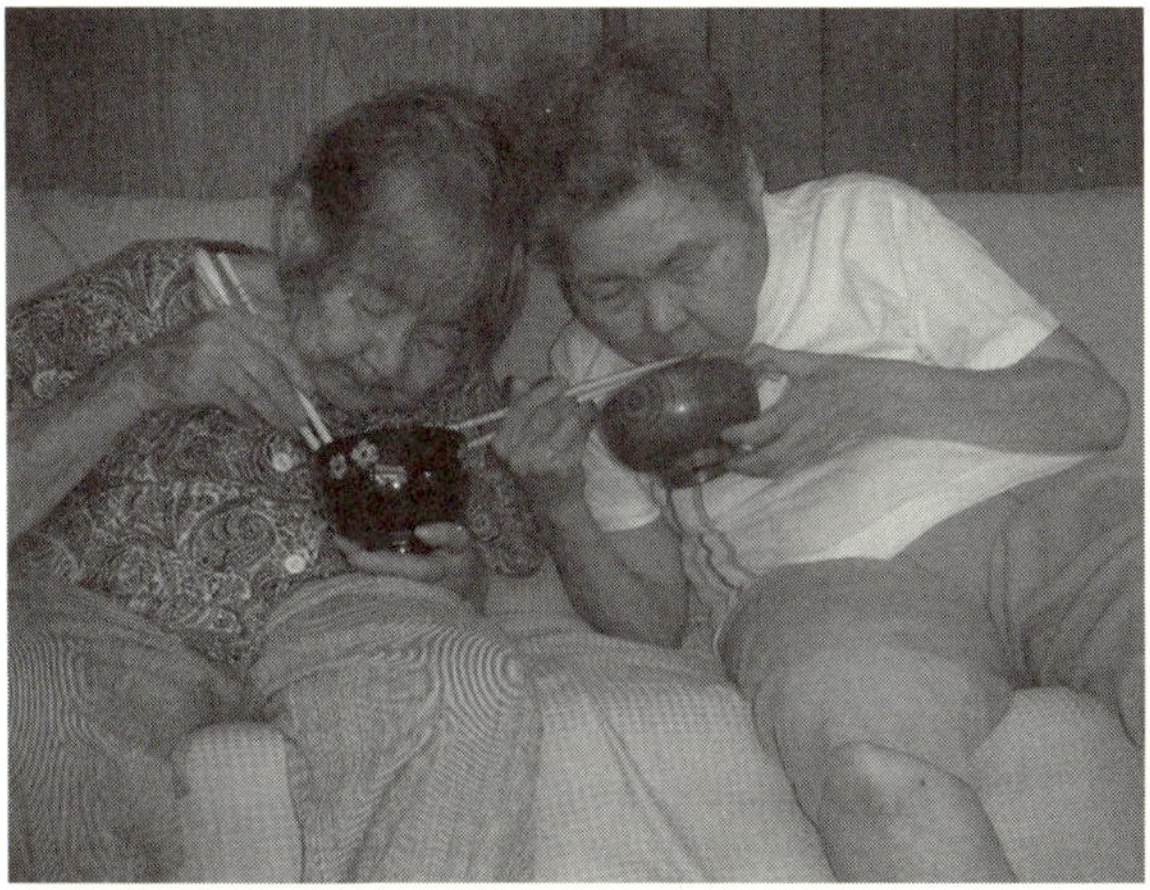

［よりあいの風景］自分で食べるとおいしい。一緒に食べると、もっとおいしい

から、それ以上のことはしないでください。一切の医療行為はしないでください」。娘さんの気持ちがそこまで固まっていたので、僕らは一切悩まなくてすみました。食べてもらう努力はしました。でも食べなかったらもういいということでした。フシさんは完全に食べなくなりました。

娘さんはフシさんの好きな飲み物を脱脂綿に浸しては唇に含ませていました。それが薬を飲ませる時の仕草に似ていました。フシさんは本当に薬を飲まない人でした。粉薬をスプーンに載せて「飲んでください」とやるとフッと吹いてしまったりする。それが僕の顔にかかったりする。無理に飲ませようとするとギュッと口を結んでしまいます。娘さんが脱脂綿を唇に当てるたびに、フシさんがその仕草をされるのです。それはお元気だった時の仕草とまったく同じです。娘さんがされていることを僕らは見守り、娘さんだけではできないことのお手伝いしました。

何も飲まずに一週間近く経った頃、娘さんが「もう長くないと思う。家に連れて帰る」と言われて、同棲をしていた件の職員と一緒にフシさんを抱えて自宅までお送りしました。その次の日の昼12時、フシさんは家族に見守られて亡くなりました。

フシさんから学んだこと

僕らが看取りをする時に一番悩むのは、いつからが看取りなのかがわからないことです。現在95歳の人が「第2よりあい」で暮らしています。便所に行って気ばった時にコロッと逝ってもおかしくないし、朝起きて布団をめくったら死んでいたということがあってもおかしくない。いつ亡くなってもおかしくない人の看取りって何だろう。たとえば、食事が摂れなくなった時、それが病気なのか老衰なのかわからないような状況に直面した時、入院したほうがいいのか悪いのか、すごく悩みます。

つまり、克服すべきものと受け入れるべきものはあるはずなんですが、老いの場合それを病院に行って治療を受けて訓練して克服したほうがいいんだという判断と、いいやこれはもう当たり前のこととして常識として受け入れたほうがいいんだという判断は、僕らだけではできません。

フシさんの場合は家族が「口から食べられなくなったら母の人生は終わりにしたいんだ」と言われたことで、僕たちは生活の中に医療行為をどこまで取り込んでいくのかということについてあまり悩まずに済みました。フシさんはご家族のもとで亡くなられました。僕はこのフシさんをとおして、ぼけてもギリギリまで家で暮らして死ぬことが可能なんだということを目の当たりにしました。そしてこれは一つの事実なのです。

増田ケサトさんの看取り

ケサトさんは戦争中、南方戦線のニューギニアで迫撃砲隊に所属する偵察隊の班長でした。東ティモールで捕虜になりマラリアで死にかけたそうですが、見事に日本に帰ってきた人ですから、それはもう根性が座った人でした。東京で奥さんと二人暮しをしていましたが、姿が見えなくなるということが何度かあり、もう2人で暮らすことは難しいと奥さんが判断されて、娘さんの住む福岡にやってきました。

見るからにガンコ親父で、声は高倉健のような低い声で東京弁ですから、最初は恐かったです。マツタケ取りの名人だと聞いていたので、「マッタケ取りの名人でいらっしゃるそうで」と聞きましたら「誰がそんなことを言ったんですか」と少しだけ笑って言いました。続けて「どうやって取るんですか」と聞いたら、今度は烈火のごとく怒り出しました。怒っているのか、喜んでいるのかわからない人でした。

ケサトさんは律儀で優しい人でした。自分が箸を付けたものは最後まで食べるという人でしたので、ある日、大皿に盛ってあったキムチを自分のものだと思ってしまい、ヒーヒー言いながら食べたことがありました。「もうやめてください、もういいですから」と言っても「そういうわけにはいかないんです」と言いながら、結局全部食べました。

そんな律儀な人でした。

職員の肩をよく揉んでくれました。「もういいです」と言っても「いや、そういうわけにはいかないんです」と言ってずっと揉んでくれるのですが、その手がだんだん移動して横のテーブルを揉み始める。「えらくこってるなあ」と言いながらそれを真剣にやられる方でした。そんな律儀な反面、若い女性職員には弱かったですね。若い職員とテーブルを挟んで揉みながら言うんです。「俺ともっと仲良くなるかい?」。スケベな人でもありました（笑）。

［よりあいの風景］菜の花の中で春を感じる

「今の父に必要なのは医療ではなくて生活です」

ケサトさんが歩くと、ヒューヒューと喘鳴が出るようになりました。肺がんでした。それも胸水が溜まるほど進行していました。肺がんの人を「第2よりあい」でみることができるだろうかと悩みました。今まで僕が経験したお年寄りの肺がんの方は、皆病院で気管切開されて痰を吸引されて生きていました。痰がからんだ時のことを考えると「よりあい」ではそこまではできないわけです。

娘さんは「苦しんだ時はペインコントロールで」と言われましたが、疼痛とは違って、呼吸ができないという苦しみはペインコントロールでコントロールできるものではありません。家族と話し合いました。家族は「やっとここで父は落ち着けました。病院に行ったらがんよりもぼけのほうが問題になって、父はきっと縛られてしまうでしょう」「迷惑だと思いますが、なんとか『よりあい』でみてもらいたい」「今の父に必要なのは、医療行為ではなく生活だと思う」と言われました。僕たちもそれは重々承知していましたので、話し合いをしながらやっていきましょうということになりました。

ケサトさんはあっと言う間に食べられなくなりました。娘さんは「点滴はしたくない」と言われました。「点滴をすると痰が出るような気がする」と。医学的、生理学的根拠はわかりませんが、僕たちもなんとなくそんな気がしていました。しかし、お医者さんは「やはり水分を入れないと、点滴をしないとキツイから」と強く言われます。さすがに医師から「本人が苦しむよ」と言われたら家族も「じゃあちょっとだけ」ということになって点滴をしました。そしたら30分もしないうちに痰がからみ始めて呼吸が苦しそうになって、このまま逝ってしまうんじゃないかという状況になってしまいました。

奥さんはずっと僕たちと一緒に泊まっていました。「よりあい」で看取る時、ほとんどの家族は泊まり込みます。僕たちも一緒に夜勤2人態勢をとります。1人はお年寄りたちの生活支援、1人は死に逝く人の生活支援をします。痰がからんだ時、奥さんが「私がバカであんたが利口だったたから、私はこれまで生きてくることができた」と一生懸命お話をされたら、痰が落ち着いてケサトさんは苦しい思いをしないで済みました。

後から駆けつけてきた娘さんが「やはり点滴はしないほうがいい」と言って、そこで明確に点滴はしないということになりました。

初めてふれた人の死に様

そこからは、本当に自然に亡くなって行くのを僕たちは見守るというかたちになりました。だんだん下顎呼吸になっていきます。下顎呼吸になると「カッカッカッカッ」という音がずっと続くんです。その音が家の中に響きます。向こうの部屋ではみんなが大笑いしていて、こちらの部屋では人が死んで行く。これでいいんだろうかと、やはり僕たちは少し気を遣ってご家族にお話しすると「いやいいんです、父はあのなかで今まで生きていましたし、父の居場所であったこの生活の音や臭いのある場所に今も一緒にいると私は理解していますから」とおっしゃいましたので「じゃあこのままでいいんですね」と。

夜になって、仕事が終わった職員も帰らないで、みんなでいつ死ぬかわからないケサトさんの周りに座っていました。僕たちがケサトさんの周りで話をしていると、鈴木ヨシオさんが参加してきました。ヨシオさんはぼけのある方でしたが、ケサトさんが末期の状態だというのがわかるのでしょう、横に座って「ナンマイダ、ナンマイダ」とお経を唱え始めました。ヨシオさんはクリスチャンなのですが、それを聞いて奥さんや娘さんたちも一緒になって笑っている。そんな感じで時が過ぎ、下顎呼吸の間隔がだんだん開いてきました。間隔が開けば開くほど「よりあい」に流れる時間もそれに合わせてゆっくりとした時間になっていきます。

「第2よりあい」には他のお年寄りもいるわけですから、死に逝く人を目の前にしながら僕は「今晩は　何を食べようか」などと思っているわけです。そんななかで、当たり前にケサトさんがいて、ケサトさんの呼吸が「よりあい」全体の時間をつくっていく。そういう雰囲気を共有しながら、最後に呼吸音がしなくなりました。朝方でした。皆集まっていました。

呼吸音がしなくなっても顎だけがパクパクと金魚のように動きます。この動きの次が来るか、来ないか……、次は来ないんじゃないかと思っていると、次が来る。「ああ、来た、来た」と。その間隔が開けばあくほど、皆の意識がケサトさんの口に集中していく。その口が閉じたら今度はこめかみがピクピク動く。今度は皆がそこをじっと見つめる。そのピクが来ない。待っても、待っても、ピクが来ない。それで誰かが「死んだんじゃないか」と言う。お医者さんが来てあらためて「ご臨終です」と言う。それを聞いたとたん、一斉に涙が出てくる。

［よりあいの風景］老いと日向ぼっこはよく似合う

ケサトさんの死に付き添わせてもらって、人はあのようにして死んでいくのだと知りました。僕はそれまで人が死ぬのを目の前で見たことがありませんでした。病院で肺がんで亡くなっていく人よりも、はるかに穏やかにケサトさんは死にました。朝、家族と話し合って決めたのに、夕方になるともう状態が変わっている。そんななかで、何度も何度も家族と話し合って対応していった。その積み重ねの中でケサトさんは死んでいったような気がします。

鈴木ヨシオさんの看取り

ヨシオさんは会社の副社長だった方でした。最初にお迎えに行った時、ヨシオさんは書斎にいて、りっぱな〝社長イス〟に座って、足を組んで新聞を読んでいました。新聞は逆さまでしたが。「お迎えに上がりました」と声をかけると「僕は用事があるから、君は先に行きたまえ」と言って、なかなか動こうとされません。

僕がだんだんあせっていろいろなことを言うものだから、ヨシオさんはそれがしゃくにさわるらしく「君の会社は小さいけれど、一生懸命やっているから取引をしてやってたんだ。それなのに、なんだ、君の態度は。アポなしで来たりして…」などと言うのです。僕が何の気なしに「ああ、これじゃクビになる」と言ったら、ヨシオさんがハッとしたのがわかりました。こちらに注目したので、たたみかけるように「もし今、ここで僕がクビになったら妻と子どもが路頭に迷ってしまう」と言ったら「そんなことはない」とおっしゃって、「ウーン」とうなってから「わかった」と言って立ち上がって靴を履いて出てもらえました。

やっと「よりあい」に着きましたが、「僕はナカムラ君と用事があるから」と言って、車から降りようとしません。初夏でしたから車の中はどんどん暑くなります。扇風機を引っ張ってきてダンボールにアルミホイルを貼って断熱材にして、窓を開けて風通しをよくして、お昼ご飯を持っていったりお菓子を持っていったりするたびに「中に入りませんか」と誘うのですが入ってくれません。夕方になってデイが終わる頃、やっと中に入ってきました。ヨシオさんはスーツを着てネクタイをしていましたが、そのネクタイを少しゆるめて靴下をぬいで「ちょっと風呂に入れてくれ」と言うのです。「今日は風呂が壊れているんで入れないんです。家で沸いているらしいですよ」といいかげんなことを言って帰ってもらおうとしましたが、全然だめです。

ヨシオさんに気持ちよく帰ってもらわなければデイの意味がありません。家族は鬼瓦のような顔をして帰ってこられたら、夜の16時間をどうやって過ごそうかと悩みます。機嫌よく帰ってきてくれると家族も「今日はいいことがあったのかしら」と笑顔で迎えることができます。デイで何か楽しいものを心に残して帰ってもらう、そして送迎の間もそういう気分が持続するような援助を行わないと家族はしんどいです。気持ちよく帰ってもらうにはどうしたらいいかと僕たちは悩むわけです。そのなかにまたおもしろさもあるわけですが。

帰らないヨシオさんを前にして、僕たちはこうしました。1人の職員がカーテンを閉めて、もう1人が電気を消します。そして僕が『蛍の光』の曲を口ずさみます。また別の職員が「本日のご利用、まことにありがとうございました」と言います。そうすると、ヨシオさんは本当に立ち上がって車に乗ってくれたのです。

翌日も相変わらず帰ろうとしないヨシオさんに、僕たちはゆとりをもって「じゃあそろそろやろうか」とカーテンを閉めて『蛍の光』を歌って……とやると、今度は真顔で「君たちは何をやっているんですか」（笑）。

地域にぼけが溶け込んでいった

よく歩く人でした。それにつき合って僕たちも本当によく歩きました。「よりあい」を利用する前に熊本まで歩いて行ったことがあるそうです。いろいろなところに行きましたし、いろいろなお店に入りました。不思議とそこで人間関係ができるんです。ヨシオさんが入ったカメラ屋さんに写真の現像をお願いするようになりました。喫茶店のママさんとつながりができて、バザーや資金づくりに協力をしてくれました。そのママさんのお母さんが「よりあい」を利用されることにもなりました。

僕たちは最初、ヨシオさんが出て行くことを止めようとしましたが、ヨシオさんが歩くことでつくられる人間関係に僕たちが救われるという経験を積むにしたがって、一緒に歩くことを楽しむようになりました。初めはドキドキでした。誤解を受けたり偏見を受けたり、他人から「バカか、こいつは」と思われるんじゃないかと、一緒に歩いていてすごく緊張するわけです。しかし、一緒に歩くことで「『第2よりあい』ってあのおじいちゃんのいるところね」と言われる。僕らはいつもヨシオさんを見失っていました。フッといなくなるのです。そうすると「あんたんところのおじいちゃんじゃなかろうか」と誰かが電話をしてきてくれたりしました。

捜しても捜してもヨシオさんが見つからなかったことがあります。日が落ちて温度も下がってきて、遠くで救急車のサイレンが聞こえたりすると、もしかしたら事故に巻き込まれているのではなかろうかと不安になります。車から自転車に変えて捜していると、向こうのほうにショーウインドーの明かりに照らされてヨシオさんが立っていました。僕はこの時ばかりは涙が出ました。「見つかった、見つかった、よかったー」と、抱きつこうとする僕に、ヨシオさんは「何だ　君は？」という感じで「先を急ぎますから」と言って、僕を置いてスタスタ歩いて行ってしまいました。

家にいる時の顔

ヨシオさんは食事がうまく飲み込めなくなって、軽い肺炎を起こして入退院を繰り返すようになりました。あんなに皆を振り回してきた人なのに、だんだん穏やかなやさしい顔になっていくのです。僕たちは、昔のほうがよかったという変な感情になったりしながら、それでも家に帰ってもらうことを続けました。3泊4日から始まった「第2よりあい」の泊まりは、5泊6日になっていき、最後は12時間だけ家に帰るという生活が半年ほど続きました。

土曜日の夕方家に送って、日曜日の朝迎えに行きます。その12時間が家族にとっても僕たちにとってもとても大事な時間でした。ヨシオさんの家は4階でエレベーターがありません。各階の踊り場で休憩して、その間ヨシオさんはしばらく外を眺めています。僕も一緒に眺めて、何分かの休憩がすむとまた一緒に上がっていきます。階段を上がったり降りたりするだけで20分もかかりましたが、それでも12時間でもいいから僕たちは家に帰ってほしいと思っていました。それは僕たちの勝手なエゴだったかもしれません。職員はみんな「家にいる時のヨシオさんは『よりあい』にいるヨシオさんと顔が違う」と言っていました。僕もそう思いました。「よりあい」を利用し始めて6年が過ぎていました。でも、初めてヨシオさんを迎えに行った時と家の中の感じが何一つ変わっていないのです。新聞を逆さまにして読んでいた書斎もそのままです。翌朝迎えにいくと、奥さんが台所仕事をしているその横の食卓に、ヨシオさんは6年前に迎えに行った時のように、足を組んで新聞を読んでいるのです。そばには湯飲みが置いてあります。

足腰が弱って、ヨシオさんはもう階段を上がれなくなりました。今度は奥さんが「よりあい」に通ってくるようになりました。通って来るようになったある日、奥さんに向かってヨシオさんが「かあさん、かあさん」と2回呼びかけました。それまで、なぜかずっと事務員だと思われていた奥さんは大喜びで「ぼけが治った」と言いました。「いやあ、治ってないと思いますよ。むしろ進んだと思いますよ」と言っても大喜びされるのです。夫婦関係を取り戻したような感じだったのかもしれません。

家族で見送る

誤嚥で入退院を繰り返しましたが、奥さんが「もう入院はしたくない。夫はこういうことを望んでいないと思う。『よりあい』で一緒に看取ってほしい」と言われました。ただ、点滴をどうするか……そういう問題はいつもあります。奥さんはクリスチャンで「数日後にイースターがあって神父さんはお忙しいから、その時期には死んだらいかん」というのです。「だから、イースターが終わるまでは点滴をします」と。しかし、2日ほど点滴をすると、漏れて腫れ上がってしまったので、その時点で点滴はやめてしまいました。

イースターが終わるまでヨシオさんはがんばりました。苦しんでいるようには見えませんでしたが、手をしきりに動かします。泊まり込んでいた弟さんが「兄貴は70歳で水泳を始めたから泳いでいるんじゃないか」と言うのです。すると、奥さんが「あなた、もう向こうに行ってもいいのよ」。すると、ヨシオさんが一番かわいがっていた孫娘が、ヨシオさんの口調でお母さんに返事をするんです。「そうはいかないんだ」と。そうすると、奥さんが「そうよね、あなたはこの世に生まれてたくさんのものを世の中からもらっているから、それを全部置いていかないと死ねないのよね」と返す。

時が重なるごとに、僕たちと泊まっている家族の関係も深まっていきました。僕たちだけが知っているヨシオさんの武勇伝を話すと、奥さんは「お父さんは本当に幸せな人だったわね」と言うから「いや、まだまだ死んでないですよ」と返す。決して悲しいだけではない看取りの時間でした。血圧が120を保っていたので、臨終はまだまだ先だと思っていたら、120に保ったまま大きく息をしてヨシオさんはスーッと逝ってしまいました。

介護を家族に返す

ヨシオさんは亡くなる前、足が紫色に変色していきました。ホットタオルを当ててオイルマッサージをしたり、目が開きっぱなしだったので点眼液をさしたり、脱脂綿で水を含ませたりしていました。医療行為は一切行いませんでした。大切なのは新鮮な空気と暖かい日差しと、誰かが横にいること。そして身体をさわることです。

僕たちがヨシオさんの足をマッサージしていると、お孫さんが横でじっと見ていたので「やってみる?」と聞いたら「やってもいいんですか?」と言いました。その時、ハッと気がついたのです。「やってもいいんですか?」なんて言わせてはいけなかったと。お孫さんはおじいちゃんの身体にさわりた

［よりあいの風景］古い民家の中で、お年寄りそれぞれの時間が静かに流れる

かったのに、僕たちが全部やっていたんです。そのことに気がついてから、どんどんお孫さんにおまかせしました。お孫さんは淡々と丁寧にやり続けました。

そういう経過を経て最期の呼吸の時、家族が周りを囲めるように僕たちは引きます。家族が「あ、笑った」「左を向いた時に笑ったのよ」と言ったその時にヨシオさんは亡くなりました。亡くなった時、最初からずっとヨシオさんに付き合ってきた職員がこう言いました。「悲しい。とにかく悲しい。だけど、喜びに満ちあふれています」。僕も同感でした。つくづく思ったのは、つきあいきったということでした。家族と一緒に看取りができたことで、これからいろいろなことがあっても自分は生きていけるんじゃないかと思いました。そういう確信のようなものが僕にも彼にもあったと思います。

生きる関わりで決まる死に方

ヨシオさんからいろいろなことを教わりましたが、死のあり方をどう決めるのかということについて考えさせられました。生前に遺書を書くのは切ないことだと僕は思います。ヨシオさんはぼけを抱える前に「亡くなるまでの10年が人生にとって一番大事なんだ」と言っていたそうです。僕たちはそのうちの7年近くをつき合わせてもらいました。その経過の中で、ヨシオさんがどう死ぬべきなのかということはたぶん暗黙の了解で決まっていったように思います。言葉で確認したり、ヨシオさんが遺書を残していたりということではなく、それまでをどう生きるか。そこに関わった家族や僕たち事業所の人間や地域も含めて、その人の生き様を知っているから、この死に方でいいんじゃないかと思えるような了解をしていたと思うのです。

生きている「時」を他人とどう共有するのか、その関係の中で自ずと死に方は決まっていくような、そういう支援を専門職として地域でやっていくことがこれからの日本の社会において重要なのではないかと感じているところです。

看取りは死にゆく人が残してくれた最後のプレゼント

千葉県・シルバー・プラン・21
代表　朝倉義子

私は看護師として、病院で、在宅で、多くの方の「看取り」に立ち合ってきたと思う。現在も。看取りを視野に入れた小さいが元気のいい診療所でケアマネジャー兼看護師として立ち合っている。

祖父母を看取りたい

20歳代後半になった頃、ちょうど母方の祖父母が看取りの時期にさしかかっていた。孫として、看護師として身内の最期を看取りたいと考えた私は、子どもの頃から知りつくしている祖父母の性格を考えると、大病院や大施設では、本人たちの望んでいるような最期を迎えることはできないだろうと思った。若い頃から自由に生きてきた2人にとって、病院という場はあまりにもきゅうくつすぎるように思えたのだ。

看護師として看取りを考えた時に、大病院や大規模施設の目指すものと私が学び目指そうとするものの間には質の差があるように思えてならなかった。この祖父母が満足のいく最期を迎える場には大病院ではなく地域の小さな診療所が向いていると考えた私は、当時まだ、制度としては確立していなかった訪問看護で看取りを支えようと思った。そして、祖父母の住む家の近くで新しく始まる診療所に勧めることにしたのだった。そこで、訪問看護を始めるきっかけとなった出来事が起きた。

家族と暮らしながら孤独死した男性

ある日、64歳の男性が長男夫婦に連れられて診察に訪れた。うちの診療所を選んだ理由は自宅から一番近いからという、そんな単純な理由からだったと思う。男性は脳梗塞の既往はあるもののマヒは軽く、自分のことはほぼ自力ででき、杖があれば歩けた。医療的に見れば、血圧のコントロールさえすればそれ以外には特に問題はないケースだった。しかし、生活面から見るとちがった。

男性はここ数か月風呂に入った様子がなく、服は尿で汚れに汚れていた。そんな父を長男夫婦は遠巻きに他人のようなふりをして見ていた。彼の妻はすでに亡くなっているという。家族の人間関係が崩壊していることは明らかであった。簡単な検査と血圧の薬が処方され、通院の約束をして帰った。しかし、1か月、2か月と過ぎても、彼が来院することはなかった。私は彼のことが気になったが、毎日の仕事に忙殺されそのままにしてしまった。

半年が過ぎた頃、突然警察から電話があった。自宅で変死をした男性がいる、当診療所の患者さんであるという。彼であった。死亡して24時間以上経過してから家族に発見された。家族の留守中の出来事ではなく、普通に一つ屋根の下で暮らしていての死だという。自宅の彼の部屋は汚れに汚れ、服を洗濯した様子はなく、万年床は食べ物のカスでいっぱいだった。長男の嫁が廊下に食べ物を置いておくとそれを引き入れて食べ、空になった食器をまた廊下に出す。これが彼のこの6か月の生活だったという。廊下に置いていた食べものが運び入れられた様子がないので、家族が部屋を覗いたら死亡していたという。

彼は病院にかかることもなく、身の回りのお世話をする人もなく、家族とのコミュニケーションもなく、部屋に閉じこもったまま孤独のうちに死んでしまったのだ。犯罪の痕跡はないので「脳梗塞の再発作による死亡」として死体検案書上は処理された。

1回来院しただけで二度と来ない人は他にもたくさんいる。この死は医療過誤ではないだろう。医療従事者としては責任を感じることはないのだろう。しかし、人としてはどうであろうか。家族も医療側も、誰も何もしなかったために、彼は6か月かけて少しずつ死んでいったのだ。この出来事は専門職としての私の「心の傷」として深く刻まれた。それ以来、人の生死に対して二度と消極的にはなるまいと自分自身に誓ったのだった。

民間デイサービスを始めてわかった「看取り」の役割

その後、在宅での療養や介護、看取りには往診と訪問看護が欠かせないと思い、動き始めた。訪問看護の制度が始まる数年前のことである。始めてみると、末期がんの若年者や大きな病気もなく高齢で老衰で畳の上で大往生したいと思っている高齢者、またそうさせたいと思っている家族にたくさん出会い、「在宅での看取り」を実現することができた。家族の満足度は高かった。

しかし、認知症や寝たきりとなった高齢者の「在宅での看取り」は必ずしも満足のいくケースばかりではなかった。在宅にいる認知症や寝たきりの人にとっては、訪問看護や高度医療（高カロリー輸液など）による看取りのケアそのものではなく、それまでの生活や生き方がどうであったかが、看取りに至って評価され、本人や家族にとっての満足につながっていくからである。認知症や寝たきりになっても昼間毎日行く場所があることや、好きな時に普通にお風呂に入れて食事できることのほうがより必要であった。

そうしたニーズに応えるため、自ら民間デイサービス「ヤモリクラブ」を始めた。介護保険が始まる7年ほど前のことである。まだまだ福祉サービスは充実していなかった。デイサービスを行うことで、制度の狭間で行き場所のなくなっていた障害をもつ人や認知症のお年寄りの居場所をつくることができた。そして、必要な場合は在宅でのケアにも赴いた。

今でこそ当たり前になったが、当時毎日実施されるデイサービスは珍しく、しかも普通の民家を簡単に改築しただけの実施だったので話題になった。当然、医療の設備はほとんどなかった。しばらくすると、「ヤモリクラブ」に通う方々も次第に看取りの時期にさしかかり、何人か自宅での看取りとなり、最後まで立ち会うことも多くなった。

看取りは本人だけのものではない、家族にとっても大切なことで、単に「死」に立ち会うだけではなく家族の再構築を果たす大切な役割が看取りにはあることに気がついた。また、看取りにかける時間の長さが問題ではないことも教えてもらった。「死を迎える瞬間を自宅で迎える」ことを実現しただけでは、残された家族は満足しないのである。

その後、私は「ヤモリクラブ」を辞した。上京し、看取りまでを視野に入れた小さくて元気な診療所でケアマネジャー兼看護師として働き始めた。この診療所で出合った看取りについてお話ししよう。

食事がとれなくなった92歳のおばあちゃまの死

若くして夫を亡くし、たった一人の息子を大切に育て、その後は家で過ごしてきた92歳のおばあちゃまの相談が寄せられた。2月のことである。このところ急に元気がなくなり、臥せってしまった。同居の息子夫婦はどちらも大学職員で、互いに有給休暇を使い介護に当たっていた。大学生の孫も春休みで帰省し、一緒に介護に当たってきたが、4月から有休も使えず、孫も大学に帰ってしまう。今後、昼間は毎日デイサービスに通わせたいので、見に来てほしいとの依頼だった。すぐにご自宅に向かった。

第1回目の訪問――「死を待つ時期」に限りなく近いと判断

2月下旬に第1回目の訪問をした。おばあちゃまにごあいさつをすると、上品に微笑まれたが、その手はやせ細り、食事がほとんどのどを通らなくなって2か月ほど経つという。週1回の往診と点滴をしてもらっているという。医師からはっきりした見通しを告げられていない。食事がとれていないのに週2～3回くらいの点滴では身体を維持するカロリーが足りない、水分も不足しているために皮膚が干からびてきている。食事がとれなければ、それを補う補助食品（エンシュアリキッドなど）を飲んでいるのかと聞くとそれもほとんど飲めていないという。点滴をしても食欲が戻らず、病状回復をしてこない状態であれば、デイへ通う体力どころか、早ければ後数週間ぐらいの命であろうと思われる。私には「死を待つ時期」に限りなく近づいた「病気の末期」であるように思えた（図１・２）。

デイへ通うには難しい。まずは次週より訪問で入浴介助などを実施し、元気が出てくればデイに行けるかもしれない、しかし体力が回復しなければ、このまま老衰でゆっくり死を待つ時期となる可能性はかなり高いだろうと私は判断した。

医師からは具体的な説明を受けていないため、息子夫婦はお母様の死が近くまできていることをまだ完全には受け止めていない。4月以降は、長年携わってきた仕事を辞めて息子の妻が介護に当たるとのこと。ご夫婦の今後の生き方にも関わってくることなので、「現在、食事を十分とっていないので、栄養補助剤を飲めば元気になるかもしれない。しかし、栄養補助剤を飲んでも体力が回復しなければ、今年の桜の花は見られないかもしれません……」と、私の個人的見解をお伝えすることにした。

そして、週1回訪問し、入浴や清拭など、在宅での身体介護の基本を指導するお約束をして帰った。

第2回目の訪問―体力の消耗が著しい

1週間後に、第2回目の訪問をした。おばあちゃまは、先週より少し元気になられたように見えた。入浴を楽しみに待っていたとのこと。しかし、その楽しみにしていた入浴が終わり、飲み物を口にする頃には、体力を使い果たしたようで、2階の自室に上がることができなかった。「このまま1階に自室を移しましょう」と息子さんが言われ、おばあちゃまはそのまま横になった。「来週も来ますね」

図１　人生のイメージ図

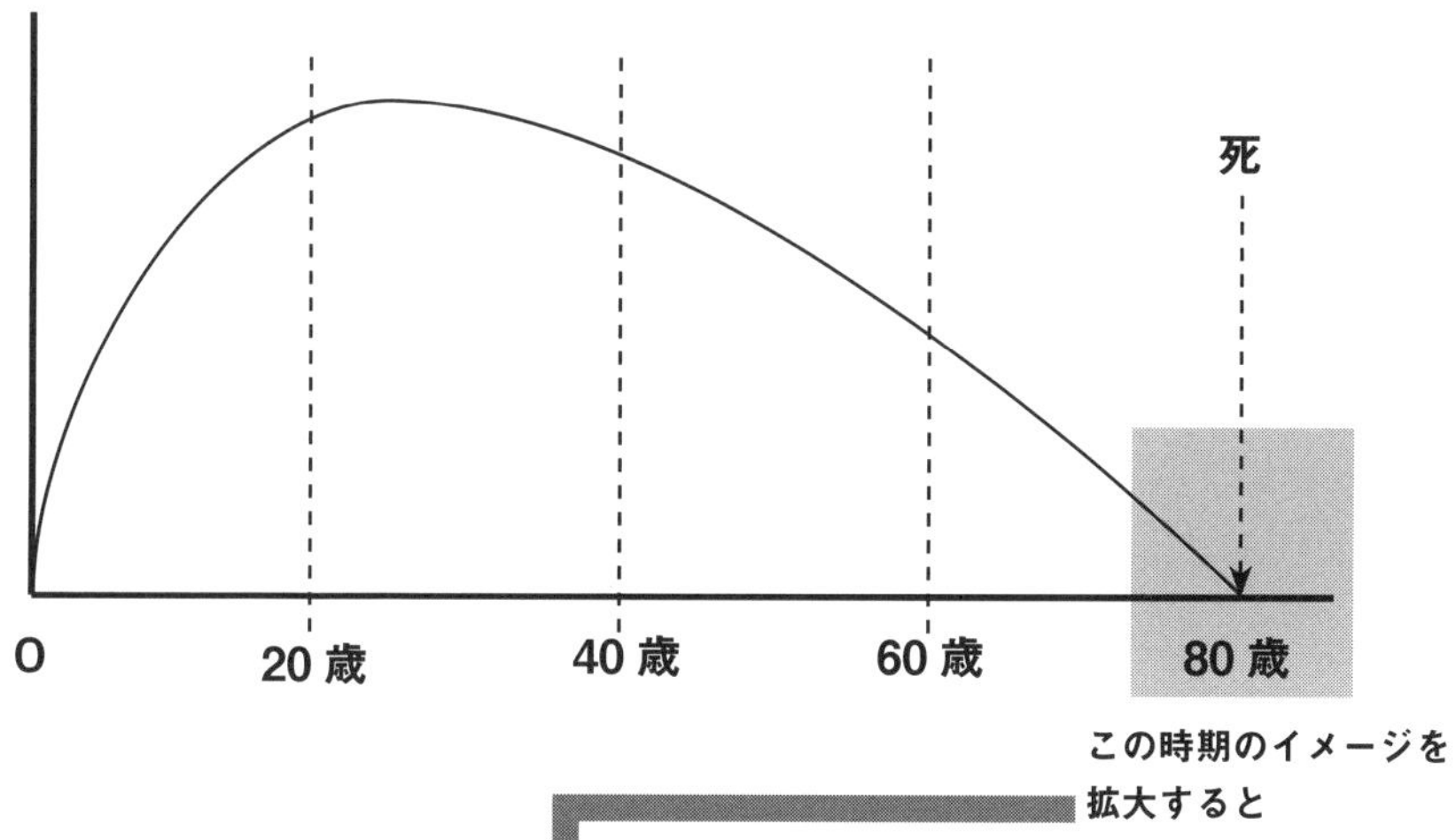

図２　ターミナル期・看取り期の人生イメージ

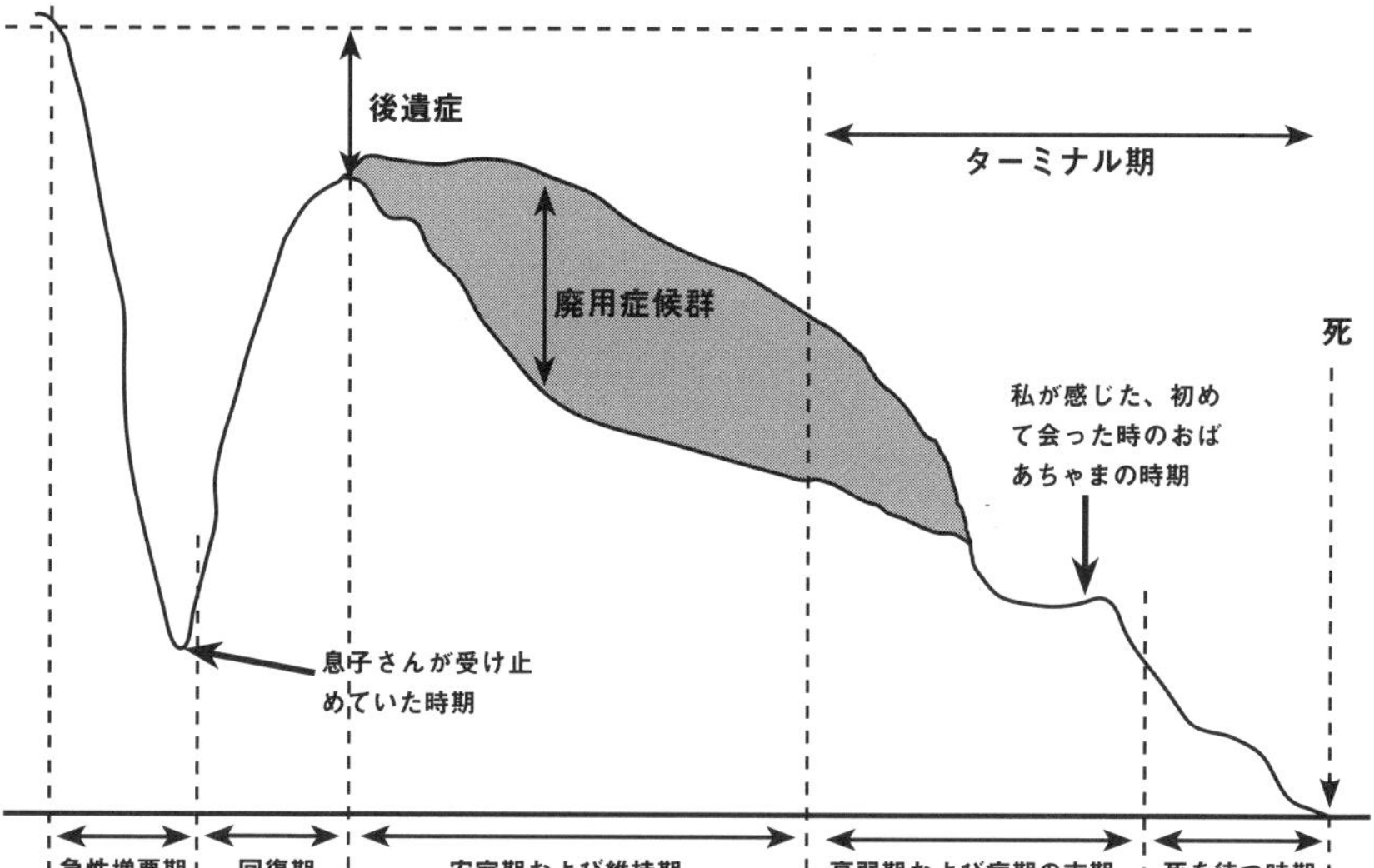

と伝えると、にっこり笑われた。

第3回目の訪問―「来週ね」の声かけに首を横に振ったおばあちゃま

訪問すると、友人にもらったという介護用ベッドが1階に運び込まれ、ベッドサイドには家具調ポータブルトイレも置かれていた。ご本人はすでにベッドからポータブルトイレに座るくらいの体力しか残っていない。

ポータブルトイレに座っていただいていると、遠縁の方が訪ねて来られた。ポータブルトイレに座ったまま、30分ほど気丈に話された。そんなおばあちゃまの姿を見て、遠縁の方は「まだまだ元気だね」と安心して帰られた。私はその間、前回やり残していた頭皮の清拭をした。

毎回、私は帰り際に「また、来週来るね」と言うのだが、その日のおばあちゃまはちょっといたずらっぽい表情をして首を横に振った。その様子を息子さん夫婦も見ていた。息子さんの表情が曇った。息子さんは50歳を過ぎた大人だが、これまで看取りをした経験がないため、間近に母の死が迫っていることをどのように理解すればいいのか戸惑い、整理できないようであった。

✵ 人が死を受け止めていく過程

人が死を受け止めていく過程には、いくつかの理解の仕方がある。

本人が受け止めていく過程では、E．キューブラー・ロスの著書『死ぬ瞬間』で解明された5段階が有名である。ロスは、末期患者に見られる死を受容するまでの心理的反応を5段階に分けた。その5段階とは、①否認と孤立　②怒り　③取り引き　④抑うつ　⑤受容である。がん疾患などでターミナルを迎える若年者の場合、人生が中途で断ち切られるという意識で死に臨むことが多いので、この過程があてはまると思う。高齢者でも突然の死の宣告である場合には同じように動揺し、このロスが示すような心理反応が見られる場合もあるが、90歳代に入り「人生をすでに終えた感」の強いお年寄りはすでに死を受容している場合も多く、ロスが示すような過程はたどらない。

看取る側の家族が死を受け止めていく過程としては、本人同様にロスの5段階の心理過程が見られる場合もあるが、むしろ、死を前にした時や見送った後に理性的理解、感情的理解、行動的理解としての受け止め方をすることが多いと私は考えている。

「理性的な理解」とは、科学的、論理的に脳記憶で存在がなくなったことの理解である。

「感情的な理解」とは、その存在が失われる、喪失感からくる悲しみであったり、心にぽっかり穴が空いたような感情であったり、それらの感情としてわきあがってきた感情としての理解したこと、またその反応である。

「行動的な理解」とは、長年行ってきた生活習慣（永久記憶）を変化させることができた時をいう。このおばあちゃまのケースでいうと、「また来るね」と私が言った時に、おばあちゃまは「死」が間近に迫っていることを理解していたので首を横に振ったのである。「理性的な理解」もしており、「死の受容」をしているので「感情的理解」「行動的理解」もできているといえよう。

息子さんは医師からある程度死が迫っていること聞かされていた。私の第1回訪問時にも「栄養補助剤を飲めば元気になるかもしれない。しかしそうでなければ今年の桜を見られないかもしれない」と、私の個人的見解を伝えてあった。さらに、2回目の訪問時には、入浴ができないほど体力低下していることを見ているので、客観性としての「理性的理解」はできていたと思う。

しかし、息子さんは身内の看取りが初めてで「感情的な理解」がまだできていないため、「行動的理解」としては、何を準備し、どのように振る舞っていいのかがわからないようだった。もう顔を見るのは最後になるかもしれないと親戚に伝えてはいたが、母の死が実感として信じられないという気持ちも残っていたのだと思う。元気な姿にもどってほしいと希望し、死を否定したい気持ちもあっただろう。

おばあちゃまと同志になった私

息子さんご夫婦が親戚の人を見送るために席をはずされた瞬間、「また来ますね」と言った私に「来週はもうないよ、死が迫ってきているから」という意味で、首を横に振ったおばあちゃま。そんなおばあちゃまに私は「息子さんはまだ死を受け止めていないようなので、こういう時には、一応ウン（「またくるね」ということに対する合意の意味）と言っておいたほうがいいのでは？」と言ってみた。すると、いたずらっぽい笑顔が私に返ってきたのだ。

息子さんご夫婦が帰って来られたので、もう一度「では、来週来ますね」と繰り返した。今度は、おばあちゃまはしっかり首を縦に振ってくれたのだった。この時から、おばあちゃまと私は息子さんが母の死を受け止めるまでの時間を温かく見守ろうとの共有の思いを持つ「同志」になったのだ。

玄関先で息子さんは「この先どうなりますか?」と困惑された表情で問われた。「今週は、厳しい（死が間近に迫っている）かもしれません。呼吸が苦しくなったり、血圧が下がってくることもあるので、こまめに医師に報告し、指示を仰がれるとよいと思います」と予測される状態の変化とどのように行動したらよいのかを簡単に伝えた。

ターミナルに際して、家族が一番聞きたいことは「ちょっと先」の予測である。ずっと先は、想像しがたいのだ。ちょっと先のことを聞いておき、気持ちの備えと行動予測をしておくと安心する。どのタイミングで医師を呼べばよいのか、夜中に医師を呼んでもよいのかなど、小さなことだがデリケートな疑問を解決しておくことで、家族は安心するのである。夜中でも医師に連絡をしてよいのだとわかり、息子さんは、少し安心したようだった。

第4回目の訪問―帰り際におばあちゃまと握手

第4回目の訪問。玄関に入ったとたん息子さんご夫婦に話しかけられた。「この1週間、何度も危なかったんです。朝倉さんが言われたとおり、血圧も下がり、呼吸も苦しそうになって、お医者さんに何度か来てもらいました。でも、今日は朝から不思議と穏やかなんです」

この1週間でご家族は何度かの急変を経験し、「死を待つ時期」としての「理性的理解」「感情的理解」「行動的理解」すべてを統合した理解ができ、覚悟ができたようだった。

部屋に入ると、おばあちゃまは満面の笑顔で私に握手を求めた。ただし、この日は、より一層の衰弱が見られたため、血圧と体温と脈拍測定だけで訪問を終えた。帰り際、「来週、また来ますね」とは、とうとう言えず、私はおばあちゃまとかたく手を握り合っただけで帰ったのだった。

第5回目の訪問──息子の妻から聞かされたおばあちゃまの死

翌週、私はいつもどおり訪問した。お宅には、息子の妻がひとりで私を持っていた。先週、私が訪問した翌日の朝方に、亡くなられたという。その前週の「来週、またね」という私への約束を果たしたかのようだった、と言われた。本人の希望で密葬とし、家族だけでお葬式も済まされたという。長男である息子さんは父親の死を見ていないので、身近な人の看取りは初めてであった。息子の妻も同様だったので、初めは家族が戸惑い、混乱した。しかし、少し先の予測を聞き、もう先がないのだとわかってからはかえって落ち着き、本人の思いを叶えようと家族が一つになり協力し合えるようになっていた。

大学生の孫にとっても身近な人の死は初めての経験で、彼女にとって何よりも変えがたい経験になったことだろう。息子さんの妻は、そんな娘に対して（いや自分自身に対してかもしれない）、「人はいつかは死ぬということ、ものごとには必ず終わりがくるということを初めて経験し、理解させてもらった。今は失ったものの大きさを感じ落ち込んでいて、どう振る舞ってよいのかわからないようだがいつか祖母の思いがわかる時がくるだろう、そのまま自然に任せようと思う」と言われた。

家族の再構築を果たす看取りケア

身内の看取りは、一生のうちで何度も経験するものではない。今回の関わりを通して「死を迎える瞬間を自宅で過ごす」ことを実現しただけでは、残された家族が満足ができる死にはならないことを学んだ。死んでいく本人が苦痛なく、また最後の思いを叶えることを実現させるだけでなく、残されていく家族にとってのケアも大切であるということだ。

死を迎えている人はもちろんのこと、その人を支えケアする家族も大切な人を失おうとしている当事者なのである。それまでの本人の生き様がそのままその人の死に様となって表現されるのだと思う。「これをしたいと思っているのではないか?」と思いを叶えようと試みること、「これを望んでいるのではないか」と思うことを実行していくこと、それこそが「看取り」であり「看取りのケア」なのだと思う。臨終の時期だけの特殊なケアや技術があるわけではないのだ。酸素吸入や人工呼吸器の管理、点滴管理、栄養補給管理などの医療技術が「看取りのケア」などではない。これらは必要な時に必要な医療として存在するだけである。

ターミナル期に入った人に関わる私たちは、むしろ、今までどおりのケアや関わり方でその人に接することが大事なのだと思う。逆に、それまでの日常の生活やケアで本人のささやかな望みさえも実現できなかったのに、看取りにさしかかったからといって急に何かが実現できるものでもないだろう。方法は変わらない。ただ、この時期だからできることは確かにある。たとえば、家族関係が崩壊しているケースである。もう先がないとわかっているからこそ、関係を修復することができ、私たちもこの時期を家族の再構築を果たす機会ととらえ、援助することができるだろう。「もう、時間がないので会っておいたほうがいいですよ」と、言える時なのである。少しでも家族関係を修復しようと思っている本人や家族であれば「そうかもしれないな」と思いその気になる。この関係修復こそが看取りのケアでありケアの最終目的になるのだと思う。

場所としての「家」で死を迎えるのが在宅ケア、在宅の看取りではない。この家族の再構築を果たしていくことが自己の再構築（自己実現）、社会との再構築へのきっかけとなるだろう。したがって、死を迎える場所は病院であろうと、施設であろうと、この家族の再構築が実現するのであればそこも「在宅」だと私には思える。ただ場所を選択したにすぎないのではないか。

看取りをとおして家族の再構築を果たしたか？　本人は苦痛ではなかったか？　残されていく家族が「よかった」と思えたか？

死にゆく人が残してくれた最後のプレゼント

看護師として、専門職の立場で、身内を看取る一家族の立場で、さまざまなターミナルを経験してきたことから言えることは、身近な人がいなくなることは非常につらく悲しいことではあるが、私はこれまでの看取りの経験を通して、看取りにはもう一つの側面があることに気がついた。それは、生活の場での看取りには家族そのものを再考させる力（人としての成長）があるということである。

残された家族には、その後もケアが必要となっていく。家族の死に直面した時、家族は当然、茫然とし、「戸惑うだろうが、しだいに死を受容して、「理性的理解」「感情的理解」「行動的理解」ができるようになっていく。死を迎える過程で家族の再構築を果たせた家族は、失った人の存在を次第に受け入れられるようになっていく。失ったものの大きさ以上に生前その人から得たこと、生き方を通して教えられたこと、その大きさを感じるようになっていくだろう。つまり、死は失うことよりも得ることの大きい経験であると感じられるようになるのだ。

しかし、その過程を経験・受容できなかった家族は、後悔や構築できない家族関係をその後も引きずるだろう。「死はつらいものだ」としか思えない。本当は、死がつらいのではない「構築」できなかった関係しかもてない自分が寂しいのだ。それは、そのままその人の人生観となり、死に際にも反映していくだろう。

「看取り」には、関わった家族の人生を変えるほどの大きな力があるのだ。死にゆく人が残してくれた最後のプレゼントなのかもしれない。

著者紹介

三好春樹（みよし・はるき）

1950年広島県生まれ。特養ホームの生活指導員として勤務後、理学療法士となる。1985年に「生活とリハビリ研究所」を設立、代表となる。現在年間180回を超える講演と実技指導で、現場に絶大な支持を得ている。主な著書に『関係障害論』『痴呆論』（雲母書房）『じいさん・ばあさんの愛しかた』（法研）など。『完全図解　新しい介護』（講談社）、2005年刊行の『実用介護事典』（講談社）は介護職のマストアイテム。

《連絡先》生活とリハビリ研究所

FAX 0465-62-5106 ／ MAIL rihaken@oak.ocn.ne.jp

鳥海房枝（ちょうかい・ふさえ）

保健師。1998年10月、新設の特別養護老人ホーム「清水坂あじさい荘」に希望して赴任。保健師としての原点「生活への関わり」を要につくりあげた「あじさい荘のケア」が現場から大きな支持を受けている。厚生労働省の身体抑制ゼロ推進会議の委員（マニュアル部会、ハード部会）、同じく東京都の委員のほか、東京都看護協会の保健婦職能委員を歴任。現在は「清水坂あじさい荘」総合ケアアドバイザー。

《連絡先》ブリコラージュ編集部　TEL 03-3590-3777 ／ FAX 03-5911-0771

大瀧厚子（おおたき・あつこ）

新潟県生まれ。看護師、保健師、ケアマネジャー、福祉施設士。
東京の大学病院勤務後、地元の地域病院勤務。その後2か所の老人保健施設の立ち上げに関わり、介護保険の導入とともに民間および社会福祉法人の居宅支援事業所のケアマネジャーとして勤務。ユニット型特別養護老人ホーム「いっぷく」元施設長。
著書に『ここから始める介護』（関西看護出版）
《連絡先》ブリコラージュ編集部　TEL 03-3590-3777　FAX 03-5911-0771

高口光子（たかぐち・みつこ）

横浜市に生まれ、九州の玄関、門司港で育つ。1982年、高知医療学院卒業後、理学療法士として職業人生のスタートを切る。1995年、特養ホーム「シルバー日吉」に入職して介護職に。2002年より老人保健施設「ききょうの郷」に移り、同時に、介護アドバイザーと講演活動を開始。介護老人保健施設「鶴舞乃城」の立ち上げから関わり、現在看・介護長を務める。主な著書に『いきいきザ老人ケア』（医学書院）、『仕事としての老人ケアの気合』（医歯薬出版）、『リハビリテーションという幻想』（雲母書房）など多数。
高口光子ブログ http://blog.livedoor.jp/mitsuko77takaguchi/
《連絡先》介護老人保健施設「星のしずく」
静岡市葵区城北87
TEL 054-200-5555 ／ FAX 054-200-5558

若林重子（わかばやし・しげこ）

1958年北海道生まれ。北海道は生まれただけ。すぐ富山に来てずっと富山で育った。
1977年富山県立富山女子高校衛生看護科卒業し准看護師の資格を得た。看護専門学校へ進学したが、勉強嫌いなのですぐに挫折。老人病院、特養を経て、平成12年からデイケアハウス「にぎやか」に。
現在、夫、その両親の4人暮らし。娘2人は東京に在住。

《連絡先》 デイケアハウス「にぎやか」
富山市綾田町1-10-18
TEL 076-431-0466　FAX 076-431-0486

村瀬孝生（むらせ・たかお）

1964年10月15日生まれ。東北福祉大学卒業。1988年より福岡県飯塚市にある特養ホームに生活指導員として8年勤務。その後、福岡市の「宅老所よりあい」に。1996年より「第2宅老所よりあい」所長として現在に至る。福岡ひかり福祉会理事、NPO法人笑顔理事も務める。著書に『おしっこの放物線』（雲母書房）『ぼけてもいいよ』（西日本新聞社）『おばあちゃんが、ぼけた。』（理論社）

《連絡先》第2宅老所よりあい
福岡市南区桧原2-23-14
TEL　092-511-0471　FAX　092-210-9464

朝倉義子（あさくら・よしこ）

1960年愛知県豊橋市生まれ。大学病院の小児科、未熟児センター、重症心身障害児施設、診療所での訪問看護などの経験を経て、1995年4月、町の中心地にある古い一軒家を借りて、常設（毎日・年中無休）のデイサービス「ヤモリクラブ」を始める。
最近は、ケアの新しいスキルとして、介護スタッフのカウンセリングや心理トレーニングにも取り組む。
2001年11月より船橋市の訪問介護ステーションエルの管理者となる。その後、さいたま市の特別養護老人ホーム諏訪の苑、南柏ケアセンター副施設長を経て、現在ケアプランときわ勤務。シルバー・プラン・21代表。
http://www5.plala.or.jp/giko/yoshiko.htm

＜初出一覧＞

○「ぼけと長寿のごほうびは、苦しまないターミナル」鳥海房枝
　月刊ブリコラージュ154号に掲載したものに加筆・修正しました。
○「施設と家族で看取る」大瀧厚子
　2007年2月24日宮城県仙台市での講演「ターミナル期のケアの視点とケアプラン」に加筆・修正しました。
○「ターミナルケアを経験しない介護職は伸びない」高口光子
　月刊ブリコラージュ154号に掲載したものに加筆・修正しました。
○「裏介護道を行くおしげが出会った地域での看取り」若林重子
　月刊ブリコラージュ144号に掲載したものに加筆・修正しました。
○村瀬孝生「家族が看取りをとり戻すために、僕たちにできること」
　月刊ブリコラージュ154号に掲載したものに加筆・修正しました。
○朝倉義子「看取りは死にゆく人が残してくれた最後のプレゼント」
　書き下ろし

生活の場のターミナルケア

発行日　2007 年 12 月 10 日　初版第 1 刷
2015 年　1 月 10 日　初版第 4 刷

著　者　三好春樹・鳥海房枝・大瀧厚子・高口光子
若林重子・村瀬孝生・朝倉義子

発　行　ブリコラージュ
〒 171-0014　東京都豊島区池袋 2-26-3　七七舎内
TEL 03-3590-3777　FAX 03-5911-0771
e-mail：brico@nanasha.co.jp
http://www.nanasha.net

発　売　全国コミュニティライフサポートセンター（CLC）
〒 981-0932　宮城県仙台市青葉区木町 16 番 30 号シンエイ木町ビル 1F
TEL 022-727-8730　FAX 022-727-8737
http://www.clc-japan.com/

装幀　持田直子
印刷　シナノ印刷（株）
ISBN978-4-907946-02-9　C3036